AROMATHERAPIE
FÜR JEDEN TAG

MICHAEL KRAUS

AROMATHERAPIE
FÜR JEDEN TAG

Verlag Simon & Wahl

Aromatherapie für jeden Tag

1. – 10. Tausend   Januar 1991
11. – 20. Tausend   Juli 1991
© Verlag Simon und Wahl, Lindenstr. 14, 8079 Pfalzpaint
Neue Adresse ab 1. 10. 91: Bahnhofstr. 4 a, 8074 Gaimersheim

Alle Rechte vorbehalten

Grafik: Titel und Zeichnungen: Anna Lauf
Satz: Münzberg Verlag, G. Kurz, Ingolstadt
Druck: Druckerei Rumpel, Nürnberg

ISBN 3-923330-26-X

Inhaltsverzeichnis

Ätherische Öle im Haushalt 9
Wäsche aromatisieren, duftende Kerzen 10
Duftkissen 12
Sachets 13
Trockene Potpourris 14
Feuchte Potpourris 16
Pomander 17

Ätherische Öle und Körperpflege 19
Aromatische Bäder 20
Körper- und Gesichtsöle 21
Rezepte für Körperöle 22
Rezepte für Gesichtsöle 23
Cremes und Packungen 24
Gesichtswässer 27
Haarpflege 29
Handpflege 31
Fußbäder 32

Ätherische Öle für kleine Krankheiten 35
Zahnschmerzen, Verbrennungen, Warzen 36
Sonnenbrand, Fußpilz 37
Kater, Schlaflosigkeit 39

Ätherische Öle für Frauen 41
Schwangerschaft, Geburt 43
Entzündete Brustwarzen, Gebärmuttererkrankungen 44

Ätherische Öle für kleine und große Kinder 47
Blähungen, Erkältungskrankheiten 48
Keuchhusten, Fieber 49

Ätherische Öle und seelische Zustände 51

Ätherische Öle und Sinnlichkeit 57
Aphrodisische Duftmischungen 58
Sinnliche Massageöle 59
Sinnliche Badeöle 61
Aphrodisische Parfüms 62

Ätherische Öle und Esoterik 67
Ätherische Öle und Sternzeichen 68
Ätherische Öle und Planeten 70
Ätherische Öle und Chakras 71
Ätherische Öle und Tarot 72
Ätherische Öle und Halbedelsteine 74

Ätherische Öle und Reisen 77
Amöbenruhr, schlechte Wasserqualität 79

Ätherische Öle und Sport 81
Gewinneröl, Nervosität,
Prellungen, Zerrungen, Verstauchungen 82

Ätherische Öle und Arbeitswelt 85
Entscheidungsschwäche, Durchsetzungskraft 88

Ätherische Öle für Speisen und Getränke 91
Honig aromatisieren, Pudding aromatisieren 93

Literaturverzeichnis 96

Vorwort

Dieses Buch soll dem Leser den Umgang mit den ätherischen Ölen ermöglichen, bzw. den bereits Erfahrenen neue Möglichkeiten, noch nicht geahnte Anwendungsbereiche aufzeigen.

Der Titel bereits zeigt, daß es mir hierbei hauptsächlich darum geht, darzustellen, daß diese wunderbaren Aromen auch im ganz normalen Alltag ihren verdienten Platz haben.

Wie eintönig sind die Gerüche, die unseren Produkten des täglichen Gebrauchs anhaften, gegenüber der Vielfalt und dem Zauber der Düfte der ätherischen Öle. Der geruchlichen Erfahrung sind (fast) keine Grenzen gesetzt, bereichern wir sie durch die wundersamen Kräfte der ätherischen Öle.

Der bunte Regenbogen der Anwendungsmöglichkeiten spannt sich von einfachen Tätigkeiten im Haushalt über Kosmetik, Behandlung seelischer und körperlicher Beschwerden – wobei sie keinen Arzt ersetzen sollen – bis hin zur Esoterik.

All das soll indessen nur als Anregung gedacht sein – Ihre Phantasie ist gefragt, neue Anwendungen zu finden, neue Mischungen zu erproben – es gibt keinen Bereich, in dem die ätherischen Öle nicht mit Gewinn eingesetzt werden könnten.

So können die Essenzen zu einem Freund und Begleiter im gesamten Tagesablauf werden.

Ich wünsche Ihnen von Herzen ganz viel Freude im Umgang mit diesen wunderbaren Geschenken der Natur!

Frankfurt/M. 1990
Michael Kraus

ÄTHERISCHE ÖLE IM HAUSHALT

Im täglichen Leben gibt es viele Anwendungsmöglichkeiten für ätherische Öle. Hier ein paar Vorschläge:

Kleidermotten:
Reiben Sie Ihren Naturholzschrank innen mit purem Zedernholz- oder Lavendelöl ein. Das Holz nimmt die ätherischen Öle auf, speichert sie und gibt sie peu à peu an die Schrankluft ab.
Motten, Holzwürmer, Spinnen, Silberfische und anderes Getier werden sich ein neues Heim suchen.

Wäsche aromatisieren:
Geben Sie ins letzte Spülwasser der Waschmaschine ein paar Tropfen Ihres Lieblingsöles oder Ihrer Lieblingsmischung. Oder besprengen Sie Ihre Wäsche vor dem Bügeln mit einem Zerstäuber, in dessen Wasser Sie 2–3 Tropfen ätherisches Öl gegeben haben. Oder geben Sie in den Tank des Dampfbügeleisens einen Tropfen ätherisches Öl. Oder geben Sie in den Wäschetrockner zu Ihrer Wäsche ein Tuch, das Sie vorher mit ätherischem Öl beträufelt haben.

Schlechte Gerüche:
Oft erkennt man den Freitag schon an seinem Geruch. Aber dagegen können Sie etwas tun. Noch bevor der Fisch in den Topf oder die Pfanne springt, zünden Sie eine Aromalampe mit 10 Tropfen Lemongrasöl an. Alle werden glauben, es sei Donnerstag!
Auch für Gemeinschaften von Rauchern und Nichtrauchern hat die Aromalampe mit Lemongrasöl die Wirkung einer Friedenspfeife, denn hier vernichtet das Öl den üblen Tabakgeruch!

Duftende Kerzen:
Wenn die Kerze einige Zeit gebrannt hat, bildet sich um den Docht herum flüssiges Wachs. Geben Sie in dieses flüssige Wachs 2–3 Tropfen ätherisches Öl hinein. Dabei darf aber kein ätherisches Öl in die Flamme kommen, denn es ist sehr leicht brennbar. Zur Sicherheit können Sie die Kerze kurz auspusten, das Öl hinzugeben und sie wieder anzünden.
Seit einiger Zeit gibt es auch Kerzensand, den man in ein feuerfestes Gefäß füllt, einen Docht hineinstellt und anzündet. Zu diesem Kerzensand können Sie dann auch ätherisches Öl hinzufügen.

Duftende Figuren:
Sie können sich sehr leicht kleine duftende Anhänger oder sogar Duftmobiles herstellen. Die Mobiles sind besonders bei Kindern sehr beliebt.
Als Material eignet sich unbehandeltes Holz, unglasierter Ton, Filz, Vliespapier etc. Aus Holz bieten sich Laubsägearbeiten an, den ausgewalzten Ton können Sie mit Plätzchenformen ausstechen, Filz und Vlies läßt sich leicht mit der Schere ausschneiden.
Beträufeln Sie die Figuren mit ätherischem Öl und hängen Sie sie im Zimmer auf.

Duftendes Briefpapier:
Schneiden Sie sich kleine Streifen aus Löschpapier und beträufeln Sie diese mit ätherischem Öl. Legen Sie die Streifen dann zwischen Ihr Briefpapier. Lassen Sie das Ganze ein paar Tage in einer verschlossenen Schachtel liegen, damit sich das gesamte Papier mit dem Duft vollsaugen kann. Für ganz Eilige genügt ein Tropfen ätherisches Öl auf das Blatt, auf dem Sie gerade schreiben.

Duftende Tinte:
Geben Sie auf ein gefülltes Tintenglas 40 Tropfen ätherisches Öl.
Jedem Wort, das Sie jetzt mit Ihrem Füller schreiben, entströmt Ihre Duftnote.

Mäuse- und Rattenplage:
Geben Sie auf den Köder, den Sie in die Falle gelegt haben, einen Tropfen Rosenholzöl. Die Tiere werden wie magisch angezogen und gehen Ihnen in die Falle.

Zimmerpflanzen:
Sind Ihre Zimmerpflanzen von Blattläusen befallen, dann geben Sie auf 1 l Gießwasser 1 ml Lavendelöl. Vor dem Gebrauch müssen Sie das Wasser noch einmal kräftig durchrühren. Dann gießen Sie Ihre Pflanzen wie gewohnt. Im Abstand von 2–3 Tagen über einen längeren Zeitraum wiederholen.
Parallel können Sie auch ein Spritzmittel in der gleichen Konzentration verwenden. Vor dem Besprühen müssen Sie den Zerstäuber gut durchschütteln. Bei starkem Befall empfiehlt sich eine tägliche Anwendung über 1–2 Wochen.

Holzpflegemittel:
Auch ein Pflegemittel für Ihre Holzmöbel können Sie selbst herstellen. Nehmen Sie 50 ml Jojobaöl und 5 g Bienenwachs, erwärmen Sie beides im Wasserbad bis 70° C. Nehmen Sie das Gefäß vom Feuer, füllen Sie das Ganze in einen Tiegel.
Unter stetem Rühren kommen zum Schluß noch 10 Tropfen Lavendelöl hinzu. Abkühlen lassen und verwenden.

Wäschestärke:
Geben Sie 100 g Reisstärke, 1/2 Teelöffel Borax, 1/2 Teelöffel Stearinsäure und 10 Tropfen Zitronenöl in einen Mörser und verreiben Sie die Zutaten miteinander.
Zum letzten Spülgang der Waschmaschine geben Sie 3 Eßlöffel dieser Mischung.

Insektenabweisender Tapetenkleister:
Feines Roggenmehl rührt man mit etwas kaltem Wasser an, so daß sich eine klümpchenfreie Masse ergibt. Dann gibt man kochendes Wasser hinzu und verrührt alles zu einem Brei. Die Masse wird unter ständigem Rühren immer weiter erhitzt. Sollte die Masse zu dick werden, läßt sich ohne Problem noch Wasser dazufügen. Zum Schluß gibt man pro Liter Kleister 5 ml Terpentinöl hinzu.
Dadurch werden alle erdenklichen Schädlinge vertrieben. Das Erstarren des Kleisters läßt sich verzögern, indem man der Masse noch 1–2 Eßlöffel Puderzucker zugibt.

Duftkissen:
Für Bett, Schrank und Kommode eignen sie sich gleichermaßen. Von der Abschreckung der Kleidermotten bis hin zum erotisch sinnlichen Kuschelkissen reicht das Spektrum der Duftkissen. Sie können in ihrem Duft immer wieder durch ätherische Öle aufgefrischt werden. Hier einige Rezepte zum Füllen der Kissen:

Sinnliches Kuschelkissen:
50 g Rosenblüten, 30 g Jasminblüten, 10 g zerstoßene Nelken, 10 g Patchouliblätter, 5 g Zimtrindenstücke, 2 Tropfen Rose, 2 Tropfen Jasmin, 2 Tropfen Patchouli

Traumkissen:
40 g Orangenblüten, 40 g Lavendelblüten,
20 g Rosenblüten, 10 g Veilchenblüten,
3 Tropfen Lavendel, 3 Tropfen Petitgrain

Tiefschlafkissen:
40 g Melissenblätter, 40 g Lavendelblüten,
20 g Hopfenblüten, 10 g Baldrianwurzel,
3 Tropfen Lavendel, 3 Tropfen Melisse

Orientalisches Kissen:
100 g Patchouliblätter, 30 g Sandelholz-
stückchen, 20 g pulverisiertes Benzoeharz,
5 Tropfen Patchouli, 3 Tropfen Sandelholz

Erfrischungskissen:
40 g Verbenenblätter, 30 g Pfefferminzblätter, 30 g Rosmarinblätter, 10 g
zerstoßene Nelken, 3 Tropfen Rosmarin, 3 Tropfen Lemongras

Mottenschreck 1:
100 g Lavendelblüten, 10 Tropfen Lavendelöl

Mottenschreck 2:
50 g Zedernholzstückchen, 50 g Orangenschalen, 20 g zerstoßene Nelken,
3 Tropfen Zedernholz, 3 Tropfen Orange, 2 Tropfen Nelke

Wäschefrisch:
100 g Lemongras, geschnitten, 30 g Zitronenschalen, 10 Tropfen Lemongrasöl

Die Zutaten für die Kissen müssen, bis auf die ätherischen Öle, vollkommen
trocken sein.

Sachets:
Sachets sind kleine Säckchen, die mit dem Pulver zerstoßener Kräuter,
Gewürze und Samen, zusätzlich mit ätherischem Öl getränkt, gefüllt sind.
Sie werden im Wäsche- und Kleiderschrank benutzt, um der gesamten

Kleidung einen Wohlgeruch zu verleihen. Aber auch im Wohn- und Schlafbereich, in schönen Kissenstoff eingenäht, verbreiten sie ihren wohligen Duft.

Die Zutaten werden in einem Mörser oder einer Kaffeemühle zu grobem Pulver verarbeitet. Danach gibt man die gewünschten ätherischen Öle dazu. Dann sollte die Mischung in einem geschlossenen Gefäß etwa 2 Wochen lang ruhen, um dann in ein Säckchen gefüllt oder in ein Kissen genäht zu werden. Für ein größeres Kissen kann man sehr gut das Pulver mit Sägemehl verlängern. Nach dieser Methode können Sie die folgenden Sachets herstellen:

Zitrussachet:
100 g Verbenenblätter, 50 g Zitronenschale, 50 g Orangenschale, 20 g Cuminsamen, 20 Tropfen Lemongrasöl, 20 Tropfen Orangenöl, 20 Tropfen Bergamotteöl

Orientalisches Sachet:
100 g Patchouliblätter, 50 g rotes Sandelholz, 50 g Weihrauchharz, 20 g Cardamomsamen, 20 Tropfen Patchouliöl, 20 Tropfen Sandelholzöl, 20 Tropfen Zedernholzöl

Blumensachet:
100 g Rosenblüten, 50 g Jasminblüten, 50 g Orangenblüten, 20 g Gewürznelken, 20 Tropfen Rosenholzöl, 15 Tropfen Petitgrainöl, 10 Tropfen Geraniumöl, 2 Tropfen Jasminöl

Gewürzsachet:
50 g Zimtrinde, 50 g Orangenschalen, 50 g Kardamomsamen, 20 g Koriandersamen, 50 g Gewürznelken, 20 Tropfen Orangenöl, 5 Tropfen Kardamomöl, 5 Tropfen Zimtrindenöl, 5 Tropfen Korianderöl, 2 Tropfen Nelkenöl

Trockene Potpourris:

Potpourris sind getrocknete Mischungen aus allen erdenklichen Blüten, Kräutern, Samen etc. Sie werden in Schalen im Wohn- und Schlafbereich aufgestellt und mit ätherischen Ölen aromatisiert. So bilden sie eine Wohltat für Auge und Nase.

Sie können die Potpourris nach den unterschiedlichsten Themen zusammenstellen: Blüten-, Gewürz-, Wald-, Wiesen-, Bergpflanzen-, Farbeffekt-, Pflanzenfamilien-, Frühlings-, Sommer-, Herbst-, Winter-, Urlaubs-, Exotikpotpourri... Ihrer Phantasie sind keine Grenzen gesetzt.

So werden die Potpourris hergestellt:
Vermischen Sie alle trockenen Zutaten in einer Schüssel, dann tropfen Sie die ätherischen Öle darauf und rühren das Ganze noch einmal vorsichtig durch. Geben Sie das Potpourri in ein gut schließendes Gefäß und lassen Sie es dort für etwa 2–3 Wochen ruhen. Schütteln Sie gelegentlich die Mischung einmal durch. Nach Ablauf dieser Zeit können Sie Ihr Potpourri in eine dekorative Schale geben und sie in Ihren Räumen aufstellen.

Hier ein paar Vorschläge:

Symphonie in blau:
100 g Lavendelblüten, 50 g Malvenblüten, 30 g Rittersporblüten, 30 g Kornblumenblüten, 50 g Gewürznelken ganz, 30 g Zimtrindenstücke, 20 g Gewürznelken gemahlen, 20 g Piment gemahlen, 20 g Zimtrinde gemahlen 30 g Iriswurzel gemahlen, 20 Tropfen Lavendelöl

Rosengarten:
200 g Rosenblüten (von rosa bis dunkelrot), 50 g Pfingstrosenblüten, 30 g Lavendelblüten, 50 g Zitronengras, geschnitten, 30 g Eichenmoos, geschnitten, 30 g Iriswurzel, gemahlen, 20 Tropfen Geraniumöl

1001-Nacht:
100 g Patchouliblätter, 50 g Zedernholz, geschnitten, 50 g Sandelholz, geschnitten, 50 g Rosenblüten, 50 g Pfingstrosenblüten, 50 g Hibiskusblüten, 30 g Kardamomsamen, 30 g Iriswurzel, gemahlen, 20 Tropfen Patchouliöl

Sommerwind:
100 g Sonnenblumenblüten, 100 g Ringelblumenblüten, 50 g Kamillenblüten, 50 g Verbenenblätter, 30 g Zitronengras, geschnitten, 30 g Kardamom, gemahlen, 30 g Zitronenschale, gemahlen, 20 Tropfen Lemongrasöl

Feuchte Potpourris:

Geben Sie in einen Topf eine Schicht 3–4 Tage alte Blütenblätter, darauf eine Schicht grobes Salz (Das Verhältnis beträgt etwa 3 Teile Blüten und ein Teil Salz). In dieser Art fahren Sie fort, bis der Topf fast bis zum Rand gefüllt ist. Legen Sie auf die Masse ein rundes Holzbrett, das etwa die Innenmaße des Topfes hat. Darauf legen Sie einen schweren Stein oder ein anderes Gewicht. Damit drücken Sie die Schichten fest zusammen. Über ca. 2 Wochen rühren Sie das Potpourri einmal pro Tag durch und pressen Sie es – wie zu Beginn – wieder zusammen. Überschüssiges Wasser sollten Sie am besten abgießen. Geben sie die fertige Mischung nach den zwei Wochen in eine Schüssel und fügen Sie die gemahlenen Kräuter und Gewürze dazu, zum Schluß die ätherischen Öle. Vermengen Sie die Zutaten sehr gründlich. Geben sie das Potpourri wieder in den Topf zurück, pressen Sie es zusammen und lassen Sie den Topf zugedeckt für weitere 3–4 Wochen reifen. Dann endlich ist das Potpourri endgültig fertig. Sie können es nun in eine Potpourridose (eine Dose mit porösem Deckel) oder eine geflochtene Schachtel, die Sie vorher mit Folie auslegen müssen, füllen und in den Raum stellen. An dem ausströmenden Duft werden Sie sehr lange Ihre Freude haben.

Grundstoffe für das feuchte Potpourri:
Etwa insgesamt 500 g der folgenden Blüten und Blätter: Rosen-, Lavendel-, Geranien-, Pfingstrosen- und Malvenblüten, Verbenen-, Rosmarin-, Melissen- und Lorbeerblätter.
150–200 g grobes Salz.
Insgesamt ca. 200 g der gemahlenen Zutaten: Orangenschalen, Zitronen-

schalen, Kardamomsamen, Muskatnüsse, Gewürznelken, Iriswurzeln, Styraxharz, Benzoeharz.
30 Tropfen ätherisches Öl (zum Beispiel Geranium-, Lavendel-, Canagaöl...)
Sie können die Zutaten mengenmäßig frei variieren oder sich auch neue Bestandteile ausdenken.

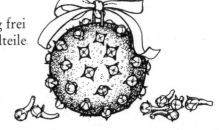

Pomander:

Pomander waren früher fein ziselierte, durchlässige Kugeln, mit duftendem Inhalt, die man als Duftschmuckstück um den Hals trug.
Die heute noch gebräuchlichen Pomander sind mit Gewürznelken gespickte Orangen, Zitronen oder Äpfel, die auf eine bestimmte Art präpariert werden, und schließlich als duftende Kugeln ins Zimmer gehängt werden.
Die Herstellung: Legen Sie die Gewürznelken in ein Schraubglas und träufeln Sie einige Tropfen ätherisches Nelkenöl darauf. Schließen Sie das Glas und schütteln Sie es gut durch. Lassen sie es 1 Tag lang stehen. Am nächsten Tag können Sie dann beginnen, zum Beispiel die Orangen zu spicken. Sie verwenden dazu am besten eine Stricknadel, machen ein kleines Loch in die Schale und stecken eine Nelke hinein. Auf diese Art verteilen Sie die Nelken über die ganze Orange. Die Nelken sollten dabei auf jeden Fall so weit voneinander entfernt sein, daß sie sich nicht berühren und später beim Trocknen noch genügend Platz haben, um ein wenig zusammenrücken zu können.
Nun bereiten sie eine Gewürzmischung aus den folgenden Zutaten: 8 Teile Zimt, gemahlen, 4 Teile Gewürznelken, gemahlen, 2 Teile Iriswurzel, gemahlen, 1 Teil Piment, gemahlen und 1 Teil Muskatnuß, gemahlen. Geben Sie die Hälfte dieser Mischung auf den Boden einer großen Schüssel. Legen Sie die gespickten Früchte darauf, die andere Hälfte der Gewürze schütten sie darauf. So bleiben die Pomander liegen, werden jeden Tag gewendet und mit der Würzmischung wieder bedeckt. Wenn die Früchte, etwa nach 3–4 Wochen, ganz durchgetrocknet sind, haben Sie Ihre fertigen Pomander in der der Hand. Sie können dekorativ und wunderschön duftend aufgehängt werden. Sollte nach einiger Zeit der Duft etwas nachgelassen haben, können Sie ihn mit ätherischen Ölen wieder auffrischen.

ÄTHERISCHE ÖLE UND KÖRPERPFLEGE

Aromatische Bäder:

Durch die wohlige Entspannung des Körpers im warmen Wasser erhöht sich die Aufnahmebereitschaft für die wohltuenden Wirkungen der ätherischen Öle. Bei den Badeanwendungen ist zu bedenken, daß die ätherischen Öle mit dem Wasser keine Verbindung eingehen. Meistenteils schwimmen sie auf der Wasseroberfläche. Da die Essenzen in diesem Fall sehr hautreizend wirken können, benötigen Sie einen natürlichen Emulgator, zum Beispiel Honig, Sahne, Vollmilch, Molke... Rühren Sie die ätherischen Öle in drei Eßlöffel flüssigen Honig oder jeweils 250 ml Sahne, Vollmilch oder Molke. Dann geben Sie diese Mischung zu dem Badewasser. Auf diese Weise lösen sich die ätherischen Öle im Wasser auf. Nehmen Sie für ein Vollbad etwa 10 Tropfen ätherisches Öl.

Hier nun einige **Rezepte:**

Beruhigende Bäder:
5 Tropfen Lavendelöl, 3 Tropfen Rosenholzöl, 2 Tropfen Petitgrainöl, 5 Tropfen Spiköl, 3 Tropfen Geraniumöl, 2 Tropfen Canangaöl, 5 Tropfen Sandelholzöl, 3 Tropfen Kamilleöl, 2 Tropfen Weihrauchöl

Anregende Bäder:
5 Tropfen Rosmarinöl, 3 Tropfen Pampelmusenöl, 2 Tropfen Zitronenöl, 5 Tropfen Lemongrasöl, 3 Tropfen Ingweröl, 2 Tropfen Pimentöl, 5 Tropfen Orangenöl, 3 Tropfen Mandarinenöl, 2 Tropfen Zimtblätteröl

Kräftigende Bäder:
5 Tropfen Wacholderholzöl, 3 Tropfen Sandelholzöl, 2 Tropfen Zypressenöl, 5 Tropfen Salbeiöl, 3 Tropfen Zirbelkiefernöl, 2 Tropfen Thujaöl, 5 Tropfen Latschenkiefernöl, 3 Tropfen Zedernholzöl, 2 Tropfen Muskatellersalbeiöl

Erkältungsbäder:
5 Tropfen Eukalyptusöl, 3 Tropfen Latschenkiefernöl, 2 Tropfen Kampferöl, 5 Tropfen Salbeiöl, 3 Tropfen Zirbelkiefernöl, 2 Tropfen Thyminaöl, 5 Tropfen Cajeputöl, 3 Tropfen Zimtöl, 2 Tropfen Ysopöl

Aphrodisische Bäder:
5 Tropfen Ylang-Ylangöl, 3 Tropfen Jasminöl, 2 Tropfen Patchouliöl,

5 Tropfen Canangaöl, 3 Tropfen Vanilleöl, 2 Tropfen Sandelholzöl, 5 Tropfen Geraniumöl, 3 Tropfen Rosenöl, 2 Tropfen Rosenholzöl

Nervenbad:
4 Tropfen Lavendelöl, 4 Tropfen Geraniumöl, 2 Tropfen Basilikumöl

Depressionsbad:
4 Tropfen Lavendelöl, 4 Tropfen Ylang-Ylangöl, 2 Tropfen Jasminöl

Schockbad:
4 Tropfen Sandelholzöl, 4 Tropfen Muskatellersalbeiöl, 2 Tropfen Zedernholzöl

Entgiftungsbad:
3 Tropfen Rosmarinöl, 3 Tropfen Geraniumöl, 2 Tropfen Wacholderholzöl, 2 Tropfen Zitronenöl

Herstellung von Badesalz:
Füllen Sie 100 g reines Meersalz in ein Schraubglas und geben Sie etwa 10 Tropfen ätherisches Öl Ihrer Wahl hinzu. Schließen Sie das Glas und schütteln Sie es gut durch. Lassen Sie es ein paar Tage stehen, damit sich das Salz richtig mit den Essenzen vollsaugen kann.
Dann können sie das Salz dem Badewasser zufügen.

Körper- und Gesichtsöle:
Zur Pflege des gesamten Körpers und zur Massage können Sie sich Ihre Körperöle selbst herstellen.
Sie benötigen hierzu ein oder mehrere fette Öle, zum Beispiel Avocado-, Aprikosenkern-, Erdnuß-, Jojoba-, Mandel-, Pfirsichkern-, Walnuß- und Weizenkeimöl. Dazu geben Sie 2–3 % ätherische Öle. Für trockene Haut eignen sich besonders Avocado-, Haselnuß-, Walnuß- und Weizenkeimöl, für fette Haut Aprikosen-, Jojoba- und Pfirsichkernöl.
Hier die Zuordnung der ätherischen Öle zu den Hautbildern:
Entzündete, wunde Haut: Cajeput-, Geranium-, Kamillen-, Myrrhen-, Neroli-, Rosen-, Sandelholz- und Weihrauchöl.
Fettige, unreine Haut: Bergamotte-, Zedernholz-, Fenchel-, Lavendel- und Melissenöl.

Empfindliche, trockene Haut: Zedernholz-, Geranium-, Honig-, Jasmin-, Kamillen-, Orangen-, Perubalsam-, Rosen- und Rosenholzöl.

Alternde Haut: Fenchel-, Geranium-, Jasmin-, Lavendel-, Limetten-, Neroli-, Patchouli-, Rosen-, Sandelholz-, Vetiver- und Weihrauchöl.

Akne: Bergamotte-, Cajeput-, Geranium-, Kamillen-, Lavendel-, Wacholder- und Tea-Treeöl.

Rezepte für Körperöle:

Bezogen auf 50 ml fettes Öl.

Fette Haut:
10 Tropfen Geraniumöl, 10 Tropfen Lavendelöl, 5 Tropfen Zitronenöl

Empfindliche Haut:
10 Tropfen Sandelholzöl, 10 Tropfen Kamillenöl, 5 Tropfen Honigöl

Trockene Haut:
10 Tropfen Sandelholzöl, 10 Tropfen Geraniumöl, 5 Tropfen Rosenöl

1001 Nacht:
10 Tropfen Sandelholzöl, 10 Tropfen Patchouliöl, 5 Tropfen Vanilleöl

Sommerwind:
10 Tropfen Lemongrasöl, 10 Tropfen Orangenöl, 5 Tropfen Limettenöl

Inseltraum:
10 Tropfen Ylang-Ylangöl, 10 Tropfen Rosenholzöl, 5 Tropfen Vanilleöl

Blütenzauber:
10 Tropfen Rosenholzöl, 10 Tropfen Spiköl, 5 Tropfen Geraniumöl

Edle Hölzer:
10 Tropfen Sandelholzöl, 10 Tropfen Zedernholzöl, 5 Tropfen Zirbelkiefernöl

Muntermacher:
10 Tropfen Rosmanrinöl, 10 Tropfen Zitronenöl, 5 Tropfen Muskatellersalbeiöl

Relax:
10 Tropfen Lavendelöl, 10 Tropfen Rosenholzöl, 5 Tropfen Ylang-Ylangöl

Würzig-Herb:
10 Tropfen Sandelholzöl, 5 Tropfen Zedernholzöl, 5 Tropfen Kardamomöl, 5 Tropfen Lorbeeröl

Durchwärmend:
10 Tropfen Rosmarinöl, 10 Tropfen Orangenöl, 5 Tropfen Zimtblütenöl

Stärkend:
10 Tropfen Zirbelkiefernöl, 10 Tropfen Edeltannennadelöl, 5 Tropfen Sandelholzöl

Cellulite:
10 Tropfen Zitronenöl, 5 Tropfen Wacholderholzöl, 5 Tropfen Zypressenöl, 5 Tropfen Pampelmusenöl

Antidepression:
10 Tropfen Bergamotteöl, 10 Tropfen Rosenholzöl, 5 Tropfen Jasmin

Rezepte für Gesichtsöle

Bezogen auf 25 ml fettes Öl.

Fette Haut:
3 Tropfen Geraniumöl, 3 Tropfen Lavendelöl, 2 Tropfen Zitronenöl, 2 Tropfen Bergamotteöl

Empfindliche Haut:
3 Tropfen Honigöl, 3 Tropfen Rosenöl, 3 Tropfen Kamillenöl, 1 Tropfen Geraniumöl

Trockene Haut:
4 Tropfen Geraniumöl, 3 Tropfen Honigöl, 3 Tropfen Jasminöl

Faltige, alternde Haut:
4 Tropfen Sandelholzöl, 4 Tropfen Geraniumöl, 2 Tropfen Jasminöl

Geplatzte Äderchen:
6 Tropfen Sandelholzöl, 2 Tropfen Weihrauchöl, 2 Tropfen Schafgarbenöl

Entzündete Haut:
3 Tropfen Kamillenöl, 3 Tropfen Geraniumöl, 2 Tropfen Rosenöl, 2 Tropfen Neroliöl

Cremes und Packungen:
Für die Gesichtscremes gibt es grundsätzlich zwei Möglichkeiten:

1. Eine Creme, die nur aus öligen Grundstoffen besteht: Zum Beispiel 55 ml Mandelöl, 15 ml Aloe Veraöl, 15 ml Jojobaöl, 10 g Bienenwachs und 3–4 ml ätherische Öle.
Zuerst wird das Bienenwachs im Wasserbad bei etwa 70° C geschmolzen. Geben Sie dann nach und nach die fetten Öle hinzu, bis sie ebenfalls die gleiche Temperatur erreicht haben. Füllen sie die Schmelze in die vorgesehenen Döschen und lassen Sie sie bis auf Handwärme abkühlen. Erst dann geben Sie die ätherischen Öle dazu und rühren die Creme gut durch. Diese Art von Creme ist etwa ein Jahr haltbar. Es besteht auch die Möglichkeit, die Cremes erst einmal ganz ohne ätherische Öle abzufüllen. Sie können sich dann immer eine gewisse Menge herausnehmen und mit den unterschiedlichsten Essenzen aromatisieren. Für den Gebrauch als Gesichtscreme geben Sie eine kleine Menge Creme in die Handfläche, dazu ein paar Tropfen Mineralwasser und verreiben Sie das Ganze zu einer Emulsion. Durch diesen Vorgang erhalten Sie eine hervorragende Feuchtigkeitscreme. Bei trockener Haut können Sie die Cremes pur anwenden.

2. Eine Creme, die Wasseranteile besitzt:

Zum Beispiel
30 ml Mandelöl, 20 ml Avocadoöl, 15 ml Jojobaöl, 10 g Bienenwachs, 6 g Kakaobutter, 20 g Lanolin, 60 ml Rosenwasser und 4–5 ml ätherisches Öl. Bienenwachs, Kakaobutter, Lanolin und die fetten Öle werden im Wasserbad auf 70° C erwärmt. Separat wird das Rosenwasser ebenfalls auf 70° C erhitzt.
Fügen Sie nun unter stetem Rühren das Wasser dem Öl hinzu. Füllen Sie die Mischung in die dafür vorgesehenen Döschen und lassen Sie das Ganze auf Handwärme abkühlen. Erst dann geben Sie die ätherischen Öle dazu und rühren gut um.
Diese Creme ist im Kühlschrank gut 2 Monate haltbar. Die ätherischen Öle, die vorher den Gesichtsölen beigegeben sind, können Sie für die verschiedenen Hautbilder auch den Cremes beimischen.

Gesichtsmaske bei Akne:
Verrühren Sie 3 Eßlöffel Heilerde mit destilliertem Wasser zu einem dünnen Brei. Geben Sie jeweils einen Tropfen der folgenden Essenzen hinzu: Bergamotte-, Kamillen-, Lavendel- und Thymianöl. Lassen Sie die Maske so lange aufgetragen, bis sie sich trocken anfühlt. Mit lauwarmem Wasser abnehmen.

Quarkpackung bei trockener Haut:
Verrühren sie 50 g Magerquark mit einem Eigelb und 5 Tropfen Rosenholz, 3 Tropfen Geranium- und 2 Tropfen Kamillenöl. Lassen sie die Maske 10–15 Minuten einwirken und spülen Sie sie dann mit reichlich lauwarmem Wasser ab.

Gesichtspackung bei fetter Haut:
Vermengen sie 2 Eßlöffel frischgeschrotetes Weizenmehl mit 2 Eßlöffeln Orangenblütenwasser, 1 Eßlöffel flüssigem Honig, 4 Tropfen Lavendel- und 2 Tropfen Zitronenöl. Die Packung 10–15 Minuten aufgetragen lassen und mit lauwarmem Wasser abnehmen.

Gesichtmaske bei alternder Haut:
Mischen Sie 2 Eßlöffel Heilerde mit 1 Eßlöffel Avocadoöl, 2 Eßlöffeln Mineralwasser, 2 Tropfen Sandelholz-, 1 Tropfen Geranium- und 1 Tropfen

Weihrauchöl. Einwirkzeit 10–15 Minuten. Danach mit lauwarmem Wasser abnehmen.

Gesichtswaschcreme:
Rühren Sie aus 1 Eßlöffel Hafermehl, 1 Tropfen Lavendelöl und ein wenig destilliertem Wasser einen flüssigen Brei. Tragen Sie die Mischung in kreisenden Bewegungen auf das Gesicht auf. Lassen sie das Ganze 1–2 Minuten einwirken und waschen Sie Ihr Gesicht mit reichlich lauwarmem Wasser ab.

Gesichtsdampfbäder:
Geben Sie in eine mit heißem Wasser gefüllte Schüssel 3–5 Tropfen ätherisches Öl. Legen Sie ein großes Tuch über Kopf und Schüssel und lassen Sie die heilsamen Dämpfe etwa 5 Minuten auf sich wirken.
Die Essenzen können sie so wählen, wie sie bei den Gesichtsölen beschrieben sind.

Gesichtsdampfbad bei irritierter Haut:
2 Tropfen Kamillenöl
2 Tropfen Rosenöl

Gesichtsdampfbad bei fetter Haut:
2 Tropfen Lavendelöl
2 Tropfen Geraniumöl

Gesichtsdampfbad bei alternder Haut:
2 Tropfen Sandelholzöl
2 Tropfen Rosenöl

Gesichtsdampfbad bei trockener Haut:
2 Tropfen Ylang-Ylangöl
2 Tropfen Rosenholzöl

Gesichtsdampfbad bei empfindlicher Haut:
2 Tropfen Kamillenöl
2 Tropfen Honigöl

Gesichtswässer:

Die einfachsten Gesichtswässer erhalten sie, indem sie in 100 ml destilliertes Wasser 3–4 Tropfen ätherisches Öl geben. Da sich die ätherischen Öle nicht mit dem Wasser mischen, müssen sie vor jeder Anwendung die Flasche wieder schütteln. Das ist ausreichend, um die ätherischen Öle ganz fein im Wasser zu verteilen.

Gesichtswasser, fette Haut:
3 Tropfen Bergamotteöl
1 Tropfen Zitronenöl

Gesichtswasser, normale Haut:
2 Tropfen Geraniumöl
2 Tropfen Rosenholzöl

Gesichtswasser, trockene Haut:
2 Tropfen Ylang-Ylangöl
2 Tropfen Rosenöl

Gesichtswasser, reife Haut:
2 Tropfen Orangenöl
2 Tropfen Neroliöl

Gesichtswasser, irritierte Haut:
2 Tropfen Kamillenöl
2 Tropfen Rosenöl

Gesichtswasser bei Akne:
2 Tropfen Bergamotteöl
2 Tropfen Cajeputöl

Gesichtswasser, entzündete Haut:
2 Tropfen Kamillenöl
2 Tropfen Ysopöl

Gesichtswasser bei Talgüberproduktion:
2 Tropfen Zitronenöl
2 Tropfen Wacholderholzöl

Lippenbalsam:
Erwärmen Sie im Wasserbad bei 70° C 50 ml Mandelöl, 10 g Bienenwachs und 5 g Kakaobutter, bis alles geschmolzen ist. Dann füllen Sie die Flüssigkeit in einen Tiegel. Wenn der Balsam auf Körpertemperatur abgekühlt ist, fügen Sie die ätherischen Öle hinzu, insgesamt etwa 10 Tropfen. Besonders angenehm im Geschmack sind Vanille- und Honigöl. Versuchen Sie es einmal mit 7 Tropfen Vanille- und 3 Tropfen Honigöl. Aber essen Sie den Balsam nicht vor Begeisterung auf, er ist für die Lippen gedacht!

Gesichtskompressen:
Geben Sie auf eine Schüssel mit 2–3 l warmem Wasser etwa 4 Tropfen ätherisches Öl und tauchen ein Tuch hinein, wringen es aus und legen es aufs Gesicht. Lassen sie die Kompresse etwa 5–10 Minuten aufliegen. Die ätherischen Öle können Sie nach den Empfehlungen bei den Gesichtsölen auswählen.

Mundpflege:
Hier die am besten geeigneten ätherischen Öle für die Mundhygiene: Anis-, Cajeput-, Eukalyptus-, Fenchel-, Krauseminz-, Myrrhen-, Nelken-, Pfefferminz-, Salbei- und Thymianöl.

Zahnpasta:
2 Eßlöffel Schlämmkreide, 2 Eßlöffel Milchzucker und 1 Eßlöffel Kieselerde werden in einer Schüssel vermischt. Mit dem Handmixer werden portionsweise 3 Eßlöffel Glyzerin untergerührt, bis eine glatte Paste entstanden ist. Anschließend kommen noch etwa 6 Tropfen ätherisches Öl hinzu. Sie können beliebige Mischungen der oben genannten ätherischen Öle herstellen.

Hier einige Vorschläge:
2 Tropfen Pfefferminzöl, 2 Tropfen Eukalyptusöl, 1 Tropfen Anisöl, 1 Tropfen Nelkenöl

3 Tropfen Thymianöl, 3 Tropfen Salbeiöl

4 Tropfen Krauseminzöl, 2 Tropfen Fenchelöl

3 Tropfen Cajeputöl, 2 Tropfen Anisöl, 1 Tropfen Myrrhenöl

Mundwasser:
Wie bei den Gesichtswässern, möchte ich auch hier die alkoholfreie Version empfehlen. Geben Sie in eine 100 ml-Flasche mit destilliertem Wasser 3–4 Tropfen ätherisches Öl. Sie können wieder unter den obigen Essenzen zur Mundpflege auswählen. Wichtig ist, daß Sie die Flasche vor jeder Anwendung gut schütteln!

Haarpflege:
Eine große Zahl von ätherischen Ölen wirkt günstig auf unsere Haare ein. Hier die Zuordnungen:

Kräftigend und pflegend:
Zedernholz-, Kamillen-, Muskatellersalbei-, Rosenholz-, Rosmarin-, Salbei-, Sandelholz-, Wacholderholz-, Zitronen- und Zypressenöl.

Gegen fettes Haar:
Bergamotte-, Zedernholz-, Lavendel-, Pampelmusen-, Salbei-, Wacholderholz-, Zirbelkiefern-, Zitronen- und Zypressenöl.

Gegen trockenes Haar:
Cananga-, Geranium-, Honig-, Melissen-, Rosenholz- und Ylang-Ylangöl.

Gegen Spliß:
Geranium-, Jasmin-, Rosenholz-, Sandelholz- und Ylang-Ylangöl.

Gegen Schuppen:
Birkenteer-, Eukalyptus-, Rosmarin-, Sandelholz-, Wacholderholz- und Zypressenöl.

Gegen Haarausfall:
Zedernholz-, Rosmarin-, Salbei-, Tea Tree- und Wacholderholzöl.

Shampoos:
Die einfachste Möglichkeit besteht darin, daß Sie zu einer geruchsneutralen Shampoogrundlage noch ätherische Öle Ihrer Wahl beifügen. Pro 100 ml Shampoo etwa 15 Tropfen ätherisches Öl.
Zur tensidfreien Haarwäsche kann ich Lavaerde wärmstens empfehlen. Geben Sie die Lavaerde in eine kleine Schüssel, fügen Sie Wasser hinzu und verrühren Sie das Ganze zu einem Brei. Abschließend geben Sie noch etwa 3 Tropfen ätherisches Öl dazu. Den Brei in die Haare einmassieren und 3 – 5 Minuten einwirken lassen.
Dann mit lauwarmem Wasser auswaschen und mit einer stark verdünnten Essiglösung nachspülen.

Haarpackungen:

Mischen Sie in 50 ml Jojobaöl etwa 20 Tropfen ätherisches Öl. Massieren Sie das Haaröl gründlich in die Kopfhaut ein, decken Sie mit einem Tuch das Haar ab und lassen Sie die Packung 1 – 2 Stunden einwirken. Danach mit einem milden Shampoo auswaschen.

Bei stark geschädigtem Haar:
8 Tropfen Rosenholzöl, 4 Tropfen Geraniumöl, 4 Tropfen Sandelholzöl, 4 Tropfen Lavendelöl

Bei fettigem Haar:
10 Tropfen Bergamotteöl, 5 Tropfen Lavendelöl, 5 Tropfen Zitronenöl

Gegen Schuppen:
10 Tropfen Rosmarinöl, 5 Tropfen Eukalyptusöl, 5 Tropfen Birkenteeröl

Gegen Haarausfall:
10 Tropfen Rosmarinöl, 10 Tropfen Kamillenöl

Gegen Spliß:
10 Tropfen Rosenholzöl, 5 Tropfen Ylang-Ylangöl, 5 Tropfen Sandelholzöl

Gegen Kopfläuse:
10 Tropfen Eukalyptusöl, 10 Tropfen Lavendelöl, 10 Tropfen Zedernholzöl

Haarpflegepackung gegen Haarausfall:
Verquirlen Sie 5 Löffel Olivenöl, 10 Löffel 40%igen Rum, ein Eigelb, 2 Tropfen Rosmarin-, 1 Tropfen Zedernholz- und 1 Tropfen Wacholderholzöl. Massieren Sie diesen Brei in die Kopfhaut ein und lassen Sie ihn etwa 1 Stunde einwirken. Dann mit einem milden Shampoo auswaschen.

Haarpflegepackung für stark strapaziertes Haar:
Vermischen Sie 50 ml Jojobaöl, 1 Eigelb, 10 Tropfen Zedernholz-, 7 Tropfen Zitronen- und 3 Tropfen Bayöl. Aufs feuchte Haar auftragen und etwa 1 Stunde einwirken lassen. Mit einem milden Shampoo auswaschen.

Haarwässer:
Auch hier wieder die alkoholfreie Version: Geben Sie in eine 100 ml-Flasche

mit destilliertem Wasser insgesamt 10 Tropfen ätherisches Öl. Sie können unter den oben beschriebenen Essenzen zur Haarpflege nach Ihren Bedürfnissen auswählen. Vor der Anwendung muß die Flasche gut durchgeschüttelt werden. Das Haarwasser gründlich in die Kopfhaut einmassieren.

Handpflege:

Es gibt auch eine ganze Reihe von handpflegenden ätherischen Ölen: Benzoe-, Zedernholz-, Lavendel-, Myrrhen-, Perubalsam-, Sandelholz- und Zitronenöl.

Handcreme:

Erwärmen Sie im Wasserbad bei 70° C 50 ml Jojobaöl, 10 g Bienenwachs und 5 g Kakaobutter, bis alles geschmolzen ist. Füllen Sie das Ganze in einen Tiegel, lassen die Creme noch ein wenig erkalten und rühren die ätherischen Öle dazu.

Für strapazierte Hände:
10 Tropfen Lavendelöl, 10 Tropfen Rosenholzöl, 5 Tropfen Zitronenöl

Für entzündete Hände:
15 Tropfen Rosenholzöl, 10 Tropfen Kamillenöl

Für aufgesprungene Hände:
10 Tropfen Myrrhenöl, 10 Tropfen Sandelholzöl, 5 Tropfen Benzoeöl

Bei kleinen Hautverletzungen:
15 Tropfen Sandelholzöl, 10 Tropfen Lavendelöl

Nagelpflege:

Zur Nagelpflege geben Sie in 50 ml Jojobaöl jeweils 4 Tropfen Lavendel-, Sandelholz- und Zypressenöl. Erwärmen Sie die Mischung auf etwa Körpertemperatur und halten Sie Ihre Fingerspitzen 10 Minuten lang hinein. Alternativ können Sie Ihre Nägel auch mit dieser Mischung einpinseln. Gegen brüchige Nägel geben Sie 20 Tropfen Zitronenöl auf 20 ml Jojobaöl und pinseln Ihre Nägel öfters damit ein.

Fußpflege:

Hier die Öle, die am meisten zur Fußpflege verwandt werden:

Salbei- und Muskatellersalbeiöl	gegen Fußschweiß
Rosmarinöl	gegen kalte, müde und schlecht durchblutete Füße
Zypressenöl	gegen Fußschweiß, schwere Füße und Wasseransammlungen
Thymianöl	gegen Fußpilz
Wacholderholzöl	gegen gestautes Wasser und Fußschweiß
Zitronenöl	gegen müde, schwere Füße.

Fußbäder:
Geben Sie in eine große Schüssel mit Wasser 6 – 10 Tropfen ätherisches Öl Ihrer Wahl.

Gegen Fußschweiß:	6 Tropfen Salbeiöl 3 Tropfen Wacholderholzöl
Gegen kalte Füße:	4 Tropfen Rosmarinöl 2 Tropfen Zypressenöl 2 Tropfen Kampferöl
Gegen Fußpilz:	4 Tropfen Thymianöl 2 Tropfen Eukalyptusöl 2 Tropfen Tea-Treeöl
Gegen rissige Fußhaut:	4 Tropfen Lavendelöl 4 Tropfen Myrrhenöl
Gegen rheumatische Fußbeschwerden:	4 Tropfen Wacholderholzöl 2 Tropfen Zypressenöl 2 Tropfen Thujaöl
Gegen Hühneraugen:	5 Tropfen Fenchelöl 3 Tropfen Zitronenöl

Fußbalsam:
Verwenden Sie das gleiche Rezept wie zur Herstellung der Handcreme und

benutzen Sie die oben erwähnten ätherischen Öle zur Fußpflege nach Ihren Bedürfnissen.

Nagelpflege:
Hier gilt das gleiche wie bei der Pflege der Fingernägel.

Hühneraugen:
Tragen Sie auf das Hühnerauge pures Zitronenöl auf. Mehrmals täglich wiederholen.

Warzen:
Tragen Sie pures Zitronen- oder Thujaöl auf. Mindestens 3 mal täglich über 2 – 3 Wochen hinweg.

Hornhaut:
Verhärtete Hautpartien werden wieder weich und geschmeidig, wenn Sie täglich die betroffenen Stellen mit einer Mischung aus 95 % Jojobaöl und 5 % Benzoeöl einreiben.

Ätherische Öle in der Sauna:
Ätherische Öle sind für die Anwendung in der Sauna bestens geeignet. Geben Sie auf eine Schöpfkelle mit Wasser etwa 5 – 6 Tropfen ätherisches Öl.

Hier einige Rezepte:

2 Tropfen Eukalyptusöl, 2 Tropfen Latschenkiefernöl, 2 Tropfen Zirbelkiefernöl

2 Tropfen Lemongrasöl, 2 Tropfen Zypressenöl, 2 Tropfen Kiefernnadelöl

2 Tropfen Salbeiöl, 2 Tropfen Rosmarinöl, 2 Tropfen Tea-Treeöl

2 Tropfen Zitronenöl, 2 Tropfen Edeltannennadelöl, 2 Tropfen Ysopöl

ÄTHERISCHE ÖLE FÜR KLEINE KRANKHEITEN

Zahnfleischentzündung:
Bereiten Sie sich ein Gurgelwasser, indem Sie auf 1 Glas lauwarmes Wasser 1 Tropfen Thymianöl geben. Gut verrühren und mehrmals damit gurgeln.

Zahnschmerzen:
Zur vorübergehenden Schmerzstillung können Sie 2 Tropfen Nelken-, Thymian- oder Cajeputöl auf einen kleinen Wattebausch geben und diesen auf den betroffenen Zahn legen. (Dann aber schnell beim Zahnarzt anrufen!)

Insektenstiche:
Geben Sie gleich nach einem Insektenstich pures Lavendelöl auf die Einstichstelle. Dann bleiben Ihnen Schwellungen und Schmerzen erspart.

Verbrennungen:
Verfahren Sie bei Verbrennungen genau wie bei Insektenstichen. Behandeln Sie die Stelle sofort mit reinem Lavendelöl. Sie werden keine Schmerzen haben und es wird keine Brandblasen geben.

Blasen:
Durch ungewohnte Belastungen entstehen an Händen und Füßen sehr leicht Blasen. Auf kleinere Blasen, in denen sich kein oder kaum Wasser gebildet hat, klebt man ein luftdurchlässiges Pflaster, das man mit Laverndelöl getränkt hat. Große Blasen, in denen sich Wasser gebildet hat, sollte man mit einer sterilisierten Nadel öffnen, das Wasser herausdrücken und dann ebenfalls mit Lavendelöl behandeln.
Vorbeugend kann man Benzoetinktur auf die gefährdeten Stellen auftragen.

Warzen:
Geben Sie einen Tropfen Thuja- oder Zitronenöl mehrmals täglich über 2-3 Wochen hinweg auf die Warze. Nach dieser Zeit wird die Warze verschwunden sein.

Nasenbluten:
Nasenbluten kommt zum Stillstand, wenn man eine 2-3 %ige Lösung von Zitronenöl in Wasser bereitet. Gut durchschütteln und ein Stück Mull mit der Mischung tränken. Rollen Sie es zusammen und führen Sie es in die Nasenlöcher ein. Legen Sie den Patienten in Rückenlage, bis die Blutung zu Ende ist.

Hämorrhoiden:
Nehmen Sie bei diesen Beschwerden Sitzbäder mit Zypressenöl. 5 Tropfen davon auf 2 Eßlöffel flüssigen Honig im Wasser einer Sitzbadewanne verteilen und 10-15 Minuten im Wasser verweilen. Wiederholen Sie das Bad mehrmals wöchentlich. Das wird Ihre Beschwerden erheblich lindern.

Kopfschmerzen:
Geben Sie jeweils einen Tropfen Pfefferminz- oder Cajeputöl auf die rechte und linke Schläfe. Zusätzlich können Sie noch 2-3 Tropfen dieser Essenzen auf ein Taschentuch geben und öfters daran riechen.
Eine weitere Möglichkeit sind kalte Stirnkompressen. Geben Sie 3 Tropfen Lavendelöl auf 1 l kaltes Wasser, tauchen Sie ein Tuch hinein, wringen Sie es leicht aus und legen Sie es auf die schmerzende Stirn. Mehrfach wiederholen.

Sonnenbrand:
Hier hilft, wie bei allen anderen Verbrennungen auch, Lavendelöl am besten. Mischen Sie 20 Tropfen Lavendelöl mit 25 ml Jojoba- und 25 ml Aloe Veraöl und tragen Sie es vorsichtig auf die betroffenen Stellen auf. Bei ganz schweren Schädigungen empfiehlt sich die Anwendung von purem Lavendelöl. Noch eine weitere Möglichkeit besteht in der Zuhilfenahme eines Wasserzerstäubers.
Füllen Sie ihn mit lauwarmen Wasser und 5-10 Tropfen Lavendelöl. Gut durchschütteln und den Sonnenbrand damit besprühen. Mehrmals wiederholen.

Blähungen:
Geben Sie 1-2 Tropfen Fenchelöl auf einen Teelöffel flüssigen Honig und verrühren Sie die Mischung in einem Glas mit warmem Wasser. 2-3 mal am Tag über 2 Wochen.

Fußschweiß:
Geben Sie auf die Einlegesohlen Ihrer Schuhe gelegentlich einen Tropfen Salbeiöl und machen Sie Fußbäder mit dem gleichen Öl. 2-3 Tropfen auf eine Fußbadewanne.

Fußpilz:
Geben Sie auf 50 ml Jojobaöl 15 Tropfen Myrrhen- und 15 Tropfen Tea-Treeöl und reiben Sie die betroffenen Stellen mehrmals täglich damit ein.

Krampfadern:
Bereiten Sie sich ein Massageöl aus 50 ml Arnikaöl, 10 Tropfen Rosmarin-. 10 Tropfen Wacholderholz- und 5 Tropfen Zitronenöl. Mehrmals täglich vorsichtig einmassieren.

Mandelentzündung:
Bereiten Sie sich ein Gurgelwasser aus 2/5 Bergamotte, 2/5 Thymian- und 1/5 Tea-Treeöl. Geben Sie 2 Tropfen der Mischung auf ein Glas lauwarmes Wasser, rühren Sie gut durch und gurgeln Sie mehrmals pro Tag damit.

Übergewicht:
Die ätherischen Öle können neben einer Nahrungsumstellung und einer Bewegungstherapie sehr gute Dienste leisten. Wacholder- und Zitronenöl, zum Beispiel, regen die Entgiftung und Entwässerung des Körpers an. Nehmen Sie 2-3 mal wöchentlich körperwarme Bäder, indem Sie je 5 Tropfen der beiden Essenzen in 3 Eßlöffeln flüssigem Honig lösen und dem Badewasser beigeben. Mischen Sie sich dazu noch ein Massageöl aus 100 ml Jojobaöl, 25 Tropfen Wacholderholz- und 25 Tropfen Zitronenöl. Massieren Sie die besonders problematischen Stellen gründlich ein.

Erkältungen:
Hierbei leistet die Aromalampe gute Dienste. Geben Sie in die mit Wasser gefüllte Schale Ihrer Aromalampe 5 Tropfen Eukalyptus-, 3 Tropfen Pfefferminz- und 2 Tropfen Thymianöl.
Bereiten Sie sich einen Brustbalsam aus 20 g fettem Öl, 4 g Kakaobutter, 4 g Bienenwachs und 15-20 Tropfen ätherischem Öl.
Alle Zutaten, mit Ausnahme der ätherischen Öle, werden bei 70 Grad Celsius geschmolzen. Dann die Mischung abfüllen und erst, wenn sie handwarm geworden ist, die ätherischen Öle hineinrühren. Sie können wieder die oben erwähnten Essenzen verwenden. Reiben Sie damit mehrmals täglich Brust und Rücken ein.
Auf die gleiche Art läßt sich auch ein Schnupfenbalsam herstellen. Verwenden Sie als ätherische Öle Cajeput- und Kamillenöl. Mehrmals täglich in die Nasenlöcher geben.

Fieber:
Ein althergebrachtes Mittel sind Wadenwickel. Die Wirkung dieser Anwendung können Sie noch verstärken, wenn Sie in die Schüssel mit kaltem

Wasser noch 4-5 Tropfen Eukalyptusöl geben. Dann, wie gewohnt, ein Tuch eintauchen, auswringen, um die Waden wickeln, mit einem trockenen Tuch abdecken und, wenn es sich warm anfühlt, erneuern.

Entzündungen:
Hier können Quarkumschläge mit ätherischen Ölen rasche Linderung bringen. Geben Sie 250 g Magerquark 4-5 Tropfen Thymianöl bei und rühren Sie den Quark gut durch. Streichen Sie die Masse zwischen zwei Leinentücher und legen Sie diese auf die betroffene Stelle. Mit einem trockenen Tuch abdecken. Wenn die Quarkmasse getrocknet ist, müssen Sie den Umschlag erneuern.

Kater:
Wenn Sie mit dem berüchtigten Kater erwachen, nehmen Sie gleich auf ein Glas lauwarmes Honigwasser 1 Tropfen Pfefferminz- und 1 Tropfen Fenchelöl.
Trinken Sie das Glas in kleinen Portionen aus. Dann nehmen Sie ein Bad mit 4 Tropfen Wacholderholz-, 3 Tropfen Fenchel- und 3 Tropfen Rosmarinöl in 3 Eßlöffeln Honig gelöst und dem Badewasser zugegeben. Sie werden eine rasche Besserung feststellen.

Geistige Erschöpfung:
Verdunsten Sie in Ihrer Aromalampe jeweils 3 Tropfen der folgenden Essenzen: Cajeput-, Rosmarin- und Muskatellersalbeiöl. Sie werden sich schnell wieder klarer und aufgeräumter fühlen.

Gedächtnisschwäche:
Verdunsten Sie in der wassergefüllten Schale Ihrer Aromalampe 5 Tropfen Rosmarin- und 5 Tropfen Basilikumöl. Behalten Sie diese Mischung etwa über drei Wochen bei und Sie werden eine deutliche Besserung feststellen.

Schlaflosigkeit:
Geben Sie einige Tropfen Lavendelöl in Ihre Aromalampe und zünden Sie diese schon eine Viertelstunde vor dem Zubettgehen in Ihrem Schlafzimmer an.
Es erwartet Sie dann schon eine gereinigte und friedliche Atmosphäre und das Einschlafen wird Ihnen bestimmt etwas leichter fallen. Vorher können Sie auch noch ein Bad mit Lavendelöl nehmen.

Sodbrennen:
Dem Sodbrennen werden Sie am besten mit Sandelholzöl Herr. Lösen Sie in einem Glas mit lauwarmem Honigwasser 1-2 Tropfen Sandelholzöl und trinken Sie es in kleinen Portionen.

Tabaksucht:
Für diejenigen Zigarren-, Pfeifen- und Zigarettenraucher, die ihrer Leidenschaft gerne den Rücken kehren möchten, gibt es bei den ätherischen Ölen eine Unterstützung. Nehmen Sie 3 mal täglich 1 Tropfen Sassafrasöl auf 1 Glas Honigwasser. Halten Sie 3-4 Wochen durch, und der Absprung wird Ihnen ein ganzes Stück leichter fallen.

Appetitmangel:
Nehmen Sie vor den Mahlzeiten 1 Tropfen Bergamotteöl in einem halben Glas Honigwasser gelöst. 3 mal täglich über 3 Wochen. Und dann guten Appetit!

Schluckauf:
Nehmen Sie auf 1 Teelöffel Honig 1 Tropfen Fenchel- oder Estragonöl und lassen Sie das ganze im Munde zergehen.

Rheumatische Beschwerden:
Bereiten Sie sich ein Massageöl aus 100 ml Jojobaöl, 20 Tropfen Rosmarin-, 10 Tropfen Origanum-, 5 Tropfen Majoran-, 5 Tropfen Nelken- und 5 Tropfen Pimentöl und massieren Sie die betroffenen Körperstellen gründlich damit ein.

Hoher Blutdruck:
Hier sind Bäder mit den folgenden Essenzen sehr wirkungsvoll: 6 Tropfen Lavendel-, 2 Tropfen Majoran- und 2 Tropfen Ylang-Ylangöl, in 3 Eßlöffeln Honig verrührt, dem Badewasser beigeben. Die Badetemperatur sollte 37 Grad Celsius nicht überschreiten.

Geschwächte Widerstandskraft:
Wenn Sie spüren, daß die Widerstandskräfte Ihres Körpers nachzulassen drohen, mischen Sie sich ein Massageöl aus 50 ml Jojobaöl, 15 Tropfen Lavendel-, 5 Tropfen Zitronenöl. Lassen Sie sich damit eine Massage geben oder reiben Sie sich selbst 1-2 mal pro Tag damit ein.

ÄTHERISCHE ÖLE FÜR FRAUEN

Prämenstruelles Syndrom:

Bereiten Sie sich ein Massageöl aus 50 ml fettem Öl und 10 Tropfen Muskatellersalbei-, 10 Tropfen Geranium- und 5 Tropfen Majoranöl. Massieren Sie damit sanft Bauch, Hüften und den unteren Rücken.
Hilfreich ist die Einnahme von 3 mal täglich 1 Tropfen Muskatellersalbeiöl, aufgelöst in Honigwasser.
Als Bademischung eignet sich hervorragend 6 Tropfen Rosmarin-, 4 Tropfen Wacholderholz- und 2 Tropfen Geraniumöl, gelöst in 3 Eßlöffeln flüssigem Honig.

Unregelmäßige Menstruation:

Hier das Rezept für ein Massageöl, das Sie sich im unteren Rücken- und Bauchbereich einmassieren können: 50 ml fettes Öl, gemischt mit 10 Tropfen Muskatellersalbei- und 5 Tropfen Rosenöl.

Schmerzhafte Menstruation:

Gleich zu Beginn der Blutung empfiehlt sich die Einnahme von 2 Tropfen Muskatellersalbeiöl auf einen Teelöffel Honig, in lauwarmem Wasser aufgelöst. 3 mal am Tag einnehmen.
Als Alternative können Sie sich ein Massageöl aus 97 % fettem Öl und 3 % Muskatellersalbeiöl mischen und Bauch und Rücken damit einreiben.

Schwache und ausbleibende Menstruation:

Bereiten Sie sich ein Bade- oder Massageöl aus den folgenden Essenzen: Zu gleichen Teilen: Muskatellersalbei, Majoran, Origanum und Basilikum.

Starke und überlange Menstruation:

Hierbei helfen als Massageöl: 50 ml Jojobaöl, vermischt mit 10 Tropfen Wacholderholz-, 10 Tropfen Zypressen- und 5 Tropfen Zitronenöl; als Kompresse: 3 Tropfen Zypressen-, 2 Tropfen Weihrauch- und 1 Tropfen Rosenöl auf 1 l Wasser und als Sitzbad 3 Tropfen Wacholderholz- und 3 Tropfen Zypressenöl aufgelöst in 2 Eßlöffeln Honig auf eine Sitzbadewanne.

Stimmungstiefs während der Menstruation:

Verdunsten Sie in der Aromalampe eine Mischung aus folgenden Essenzen: 3/10 Bergamotte-, 2/10 Geranium-, 2/10 Rosenholz-, 2/10 Muskatellersalbei- und 1/10 Jasminöl. Oder 1/3 Bergamotte-, 1/3 Jasmin- und 1/3 Rosenöl.

Sie können sich auch ein Bad bereiten mit 4 Tropfen Muskatellersalbei-, 4 Tropfen Bergamotte- und 2 Tropfen Jasminöl, gelöst in 3 Eßlöffeln flüssigem Honig auf 1 Badewanne.

Schwangerschaft:
Folgende Öle sind während der Schwangerschaft zu meiden: Majoran-, Myrrhe-, Origanum-, Petersilien-, Salbei-, Thymian-, Ysop- und Zimtöl.
Die während der ersten Zeit auftretende Übelkeit läßt sich sehr wirkungsvoll mit der Inhalation von Lavendelöl behandeln. Für aromatische Massageöle und Bäder eignen sich hervorragend Geranium-, Lavendel- und Rosenöl.
Schmerzende und angeschwollene Füße bekommen ein Fußbad mit Geranium- und Rosmarinöl zu gleichen Teilen.
Rückenschmerzen werden gelindert durch eine Massage mit einer Mischung aus 97 % Jojobaöl und 3 % Lavendelöl.
Schwangerschaftsstreifen können schon vorbeugend mit einem Massageöl aus 70 ml Jojoba-, 30 ml Weizenkeim-, je 1 ml Lavendel- und Zitronenöl behandelt werden.

Geburt:
Zur Kräftigung der Gebärmutter sollten Sie etwa 4-6 Wochen vor dem Geburtstermin anfangen, Bäder zu nehmen. Am besten mit 10 Tropfen Muskatellersalbeiöl, gelöst in 3 Eßlöffeln flüssigem Honig auf 1 Badewanne.
Jasminöl, in fettem Öl gelöst und als Massageöl benutzt, wirkt entspannend, euphorisierend und fördert das Einsetzen der Wehen.
Zur Linderung der Schmerzen eignen sich besonders Jasmin-, Lavendel- und Muskatellersalbeiöl. Bei der Geburt selbst schafft Jasmin- oder Rosenöl, in der Aromalampe verdunstet, eine wunderschöne Atmosphäre für die Mutter und den neuen Erdenbürger.

Wochenbettdepressionen:
Hierfür gibt es kein besseres Öl als Jasmin. Verdunsten Sie 2-3 Tropfen in der mit Wasser gefüllten Schale einer Aromalampe, oder mischen Sie sich ein Massageöl aus 50 ml Jojoba- und 5 Tropfen Jasminöl.

Mangelnde Milchproduktion:
Nehmen Sie 3 mal täglich 1 Tropfen Fenchelöl auf 1 Glas warmes Honigwasser. In kleinen Portionen trinken und nicht länger als 4 Wochen anwenden.

Abstillen:
Nehmen Sie 2 mal täglich 1-2 Tropfen Salbeiöl auf 1 Glas lauwarmes Honigwasser. Einnahme nicht länger als 2-3 Wochen.

Entzündete Brustwarzen:
Geben Sie zu 20 ml süßem Mandelöl 2 Tropfen Rosenöl und streichen Sie die Mischung vorsichtig auf die betroffenen Stellen. Mehrmals täglich wiederholen.

Busen vergrößern:
Geranium- und Ylang-Ylangöl enthalten sehr viele pflanzliche Hormone, die in ihrer Wirkung sehr den menschlichen ähneln. Am besten wirkt ein Massageöl aus 100 ml Jojoba- mit 20 Tropfen Geranium und 30 Tropfen Ylang-Ylangöl. 2 mal täglich einmassieren.

Busen verkleinern:
Sehr stark straffend und zusammenziehend wirken Zypressen- und Wacholderholzöl. Bereiten Sie sich ein Massageöl aus 100 ml Jojoba-, 20 Tropfen Wacholderholz-, 20 Tropfen Zypressen- und 10 Tropfen Zitronenöl. 2 mal täglich einmassieren.

Gebärmuttererkrankungen:
Jasmin- und Rosenöl sind die Öle schlechthin für diese Beschwerden. Ob als Bade-, Massageöl oder in der Aromalampe angewandt, sind sie ein wahrer Segen.

Hefepilz:
Geben Sie 4 Tropfen Rosen- und 4 Tropfen Lavendelöl auf 1 l warmes Wasser. Diese Mischung in eine Vaginaldusche gefüllt, gut durchgeschüttelt und 2 mal täglich eine Scheidenspülung damit gemacht, beseitigt sofort den Juckreiz und bringt den Pilzbefall spätestens nach einer Woche zum Abklingen.

Frigidität:
Am stärksten auf die weibliche Sexualität wirken folgende Substanzen: Jasmin-, Rosen- und Ylang-Ylangöl. Sie können als Parfüm, Bade-, Massageöl oder in der Aromalampe ihre Anwendung finden. Sie sind hilfreich, die Ängste abzubauen, stärken die Eigenliebe und schaffen ein Klima, in dem es

leichter wird, sich hinzugeben und den eigenen Körper zu genießen.

Klimakterium:
Hormonell ausgleichend wirken in dieser oft sehr schwierigen Umstellungszeit die folgenden Öle: Fenchel-, Geranium-, Kamillen-, Muskatellersalbei-, Rosen- und Zypressenöl. Verwenden Sie diese Essenzen in Massageölen und Bädern.

Cellulite:
Als Unterstützung zur Behandlung von Cellulite können Sie eine Massagemischung herstellen aus 50 ml Jojoba-, 50 ml Arnika-, 15 Tropfen Zypressen-, 15 Tropfen Wacholderholz-, 10 Tropfen Orangen- und 10 Tropfen Zitronenöl. 2 mal täglich gründlich einmassieren.
Die gleiche Mischung können Sie auch unter Zugabe von 15 ml flüssigem Lecithin als Badezusatz verwenden. Vor dem Gebrauch gut schütteln, da sich das Lecithin gerne wieder absetzt. Das Lecithin hat die Aufgabe, Wasser mit fettem und ätherischem Öl zu mischen.

ÄTHERISCHE ÖLE FÜR KLEINE UND GROSSE KINDER

Zarte Kinderseelen sind besonders offen für alle Arten von Düften. Deshalb sollte eine Aromalampe zur festen Ausstattung eines Kinderzimmers gehören!

Kinder haben eine besondere Vorliebe für folgende Essenzen: Blutorangen-, Honig-, Kamille-, Lavendel-, Mandarinen-, Perubalsam-, Rosen-, Rosenholz-, Tonkabohnen-, Vanille-, Zimtrinden- und Zitronenöl.

Einschlafschwierigkeiten:
Geben Sie in die mit Wasser gefüllte Schale einer Aromalampe 3 Tropfen Lavendel- und 2 Tropfen Kamilleöl. Diese Mischung hat eine ganz stark beruhigende und besänftigende Wirkung.
1 Tropfen Lavendel- und 1 Tropfen Kamilleöl auf 2 Eßlöffel flüssigen Honig zum Badewasser erleichtern das Einschlafen.

Blähungen:
Bei Blähungen und Koliken geben Sie in 1 l warmes Wasser 2 Tropfen Lavendel- und 2 Tropfen Fenchelöl. Verrühren Sie die Öle und tauchen Sie ein Tuch hinein, wringen Sie es aus und legen Sie es auf den kleinen Bauch. Mit einem anderen trockenen Tuch abdecken und etwa 10 Minuten aufliegen lassen. Bei Bedarf wiederholen. Oder bereiten Sie ein Massageöl aus 50 ml Jojoba-, 2 Tropfen Lavendel-, 2 Tropfen Kamillen- und 1 Tropfen Fenchelöl.

Erkältungskrankheiten:
Schon zu Beginn einer Infektion angewandt, wirkt die Verdunstung von ätherischen Ölen wahre Wunder. Geben Sie in die mit Wasser gefüllte Schale einer Aromalampe 5 Tropfen ätherisches Öl. Sie können die folgenden Essenzen miteinander mischen oder auch nur eine davon verwenden: Cajeput-, Edeltannen-, Eukalyptus-, Latschenkiefer-, Niaouli-, Zirbelkiefern- und Zitronenöl.
Ebenfalls wirksam ist die Gabe von 1-2 Tropfen dieser Öle auf das Bettlaken. Als Erkältungsbad geben Sie eine der oben erwähnten Essenzen mit 2 Tropfen auf 2 Eßlöffel flüssigen Honig dem Badewasser bei. Badedauer etwa 10 Minuten.

Duftbad:
Auf 250 ml Vollmilch geben Sie jeweils einen Tropfen der folgenden

Essenzen: Honig-, Mandarinen- und Vanilleöl. Sie werden Ihr Kind nicht mehr aus der Wanne herausbekommen!

Hautpflegebad:
Auf 2 Eßlöffel flüssigen Honig geben Sie 2 Tropfen Kamillen- und 1 Tropfen Rosenöl. Das ganze wird im Badewasser aufgelöst.

Entspannung:
Dieses Massageöl entspannt Mutter und Kind gleichermaßen. Auf 50 ml fettes Öl kommen insgesamt 5 Tropfen ätherisches Öl. Am geeignetsten sind Lavendel-, Kamillen- und Rosenöl.

Ohrenschmerzen:
Massieren Sie die gesamte Ohrregion mit der folgenden Mischung: 10 ml fettes Öl, gemischt mit einem Tropfen Kamillenöl.

Zahnen:
Massieren Sie ganz zart die betroffene Stelle mit der gleichen Mischung wie bei Ohrenschmerzen.

Nasenbluten:
Geben Sie in eine kleine Schüssel mit kaltem Wasser 1-2 Tropfen Lavendelöl und vermischen Sie beides gut. Tauchen Sie ein Tuch hinein, drücken Sie es aus und legen Sie es auf die kleine Nase. Bald kommt die Blutung zum Stillstand.

Fieber:
Geben Sie in eine Schüssel mit kaltem Wasser 2 Tropfen Eukalyptusöl und mischen Sie beides gut durch. Tauchen Sie ein Tuch hinein, wringen es aus und legen es um die Füße und Waden des Kindes. Mit einem trockenen Tuch abdecken. Wenn der Umschlag sich warm anfühlt, die Tücher abnehmen und gegebenenfalls erneuern.

Keuchhusten:
Verdunsten Sie in der Aromalampe 3-5 Tropfen der nachfolgenden Essenzen. Sie können die ätherischen Öle miteinander mischen oder sich auch für nur ein Öl entscheiden: Cajeput-, Eukalyptus-, Lavendel-, Wacholderholz- und Zirbelkiefernöl.

Windpocken:
Stellen Sie eine Lotion mit 1 l destilliertem Wasser und 1 Tropfen Lavendelöl her. Vor der Anwendung gut durchschütteln. Tränken Sie einen Wattebausch oder ein kleines Tuch damit und betupfen Sie damit die Pusteln. Der Juckreiz wird erheblich nachlassen.

Trockene Haut:
Bei Kleinkindern tritt oft sehr trockene Haut auf. Dafür gibt es ein wahres Wundermittel: Mischen Sie 50 ml Jojobaöl mit 3 Tropfen Rosenöl. Ein schöneres Körperöl für Kinder gibt es nicht.

Wunde Haut:
Bereiten Sie ein Körperöl aus 50 ml Jojoba-, 50 ml Calendula- und 10 Tropfen Lavendelöl. Damit werden auch die zartesten Hautstellen wieder heilen.

ÄTHERISCHE ÖLE UND SEELISCHE ZUSTÄNDE

Die Seelen der Pflanzen haben ganz starke Wirkungen auf die Seelen der Menschen.
Deshalb hier einige Mischungen, die bei bestimmten Seelen- und Gemütsverfassungen hilfreich sind. Die drei wirksamsten Anwendungsmöglichkeiten sind:
Das Verdunsten in der Aromalampe (dazu geben Sie in die mit Wasser gefüllte Schale der Lampe 5 – 10 Tropfen ätherisches Öl), das Mischen eines Massageöles (geben Sie zu 97 % fettem Öl 3 % ätherisches Öl) und die Bereitung eines Badeöles (die gleiche Mischung wie beim Massageöl wird mit 3 Eßlöffeln flüssigem Honig oder 250 ml Sahne verrührt und dem Badewasser beigegeben).

Depression:
3/5 Bergamotteöl, 1/5 Lavendelöl, 1/5 Limettenöl

Streß:
1/3 Lavendelöl, 1/3 Rosenholzöl, 1/3 Palmarosaöl

Kummer:
3/5 Sandelholzöl, 1/5 Perubalsamöl, 1/5 Tuberosenöl

Zerstreutheit:
2/5 Muskatellersalbeiöl, 2/5 Rosmarinöl, 1/5 Krauseminzöl

Minderwert:
3/5 Rosenholzöl, 1/5 Benzoeöl, 1/5 Jasminöl

Pessimismus:
3/5 Orangenöl, 1/5 Bergamotteöl, 1/5 Limettenöl

Gefühlskälte:
2/5 Canangaöl, 2/5 Mandarinenöl, 1/5 Zimtöl

Schock:
2/5 Muskatellersalbeiöl, 1/5 Majoranöl, 1/5 Rosenöl, 1/5 Ylang-Ylangöl

Eifersucht:
3/5 Ylang-Ylangöl, 1/5 Geraniumöl, 1/5 Rosenöl

Haß:
3/5 Ylang-Ylangöl, 1/5 Honigöl, 1/5 Tonkabohnenöl

Resignation:
3/5 Zitronenöl, 1/5 Ingweröl, 1/5 Bohnenkrautöl

Trauer:
3/5 Rosenöl, 1/5 Tonkabohnenöl, 1/5 Kamillenöl

Lebensüberdruß:
3/5 Mandarinenöl, 1/5 Honigöl, 1/5 Vanilleöl

Angst:
2/5 Sandelholzöl, 2/5 Geraniumöl, 1/5 Weihrauchöl

Schwäche:
3/5 Sandelholzöl, 1/5 Zedernholzöl, 1/5 Wacholderholzöl

Einsamkeit:
2/5 Sandelholzöl, 2/5 Ylang-Ylangöl, 1/5 Jasminöl

Überreizte Nerven:
2/5 Geraniumöl, 2/5 Sandelholzöl, 1/5 Basilikumöl

Nervosität:
2/5 Muskatellersalbeiöl, 2/5 Lavendelöl, 1/5 Rosenholzöl

Auf der anderen Seite ist es auch möglich, bestimmte Stimmungen durch das Verdunsten von ätherischen Ölen zu wecken oder zu unterstützen. Hier eine Vielzahl von Beispielen. Die Menge der Essenzen ist auf die mit Wasser gefüllte Schale einer Aromalampe bezogen.

Entspannung:
4 Tropfen Lavendelöl, 4 Tropfen Rosenholzöl, 2 Tropfen Geraniumöl

Erfrischung:
4 Tropfen Lemongrasöl, 4 Tropfen Limettenöl, 2 Tropfen Bergamotteöl

Klarheit:
4 Tropfen Muskatellersalbeiöl, 4 Tropfen Rosmarinöl, 2 Tropfen Krauseminzöl

Inseltraum:
4 Tropfen Ylang-Ylangöl, 4 Tropfen Mandarinenöl

1001 Nacht:
3 Tropfen Sandelholzöl, 3 Tropfen Patchouliöl, 2 Tropfen Vetiveröl, 2 Tropfen Benzoeöl

Liebesnacht:
5 Tropfen Ylang-Ylangöl, 2 Tropfen Jasminöl, 1 Tropfen Tonkabohnenöl, 1 Tropfen Hyazinthenöl, 1 Tropfen Zimtöl

Konzentration:
4 Tropfen Zirbelkiefernöl, 4 Tropfen Rosmarinöl, 2 Tropfen Zitronenöl

Waldspaziergang:
4 Tropfen Edeltannennadelöl, 4 Tropfen Zirbelkiefernöl, 2 Tropfen Zedernholzöl

Edle Hölzer:
5 Tropfen Sandelholzöl, 3 Tropfen Zedernholzöl, 2 Tropfen Wacholderholzöl

Harmonie:
5 Tropfen Rosenholzöl, 3 Tropfen Spiköl, 2 Tropfen Palmarosaöl

Winterstimmung:
3 Tropfen Orangenöl, 3 Tropfen Blutorangenöl, 3 Tropfen Zimtrindenöl, 1 Tropfen Vanilleöl

Traumwolke:
4 Tropfen Rosenholzöl, 3 Tropfen Sandelholzöl, 1 Tropfen Ginsteröl, 1 Tropfen Mimosenöl, 1 Tropfen Iriswurzelöl

Herzlich Willkommen:
3 Tropfen Bergamotteöl, 3 Tropfen Rosenholzöl, 2 Tropfen Muskatellersalbeiöl, 2 Tropfen Mandarinenöl

Optimismus:
3 Tropfen Bergamotteöl, 3 Tropfen Rosenholzöl, 2 Tropfen Petitgrainöl, 2 Tropfen Pampelmusenöl

Gewinneröl:
4 Tropfen Sandelholzöl, 2 Tropfen Rosmarinöl, 2 Tropfen Lorbeeröl, 1 Tropfen Macisblütenöl, 1 Tropfen Kardamomöl

Meditation:
4 Tropfen Sandelholzöl, 3 Tropfen Elemiöl, 1 Tropfen Wacholderholzöl, 1 Tropfen Myrrhenöl, 1 Tropfen Weihrauchöl

Sonnenschein:
4 Tropfen Bergamotteöl, 3 Tropfen Pampelmusenöl, 2 Tropfen Limettenöl, 1 Tropfen Blutorangenöl

Blütenzauber:
5 Tropfen Canangaöl, 3 Tropfen Geraniumöl, 2 Tropfen Rosenholzöl

Verführung:
4 Tropfen Tuberosenöl, 4 Tropfen Jasminöl, 1 Tropfen Tonkabohnenöl, 1 Tropfen Bergamotteöl

Kinderland:
3 Tropfen Mandarinenöl, 3 Tropfen Orangenöl, 2 Tropfen Zimtöl, 1 Tropfen Honigöl, 1 Tropfen Vanilleöl

Morgentau:
4 Tropfen Rosmarinöl, 3 Tropfen Cajeputöl, 1 Tropfen Pfefferminzöl, 1 Tropfen Limettenöl, 1 Tropfen Verbeneöl

Gute Nacht:
4 Tropfen Lavendelöl, 3 Tropfen Rosenholzöl, 1 Tropfen Geraniumöl, 1 Tropfen Rosenöl, 1 Tropfen Honigöl

Luftreinigung:
5 Tropfen Lemongrasöl, 3 Tropfen Salbeiöl, 2 Tropfen Zirbelkiefernöl

Luftdesinfektion:
7 Tropfen Zitronenöl, 1 Tropfen Tea-Treeöl, 1 Tropfen Thymianöl, 1 Tropfen Nelkenöl

Aufbau und Stärkung:
4 Tropfen Zirbelkiefernöl, 2 Tropfen Zypressenöl, 2 Tropfen Wacholderholzöl, 2 Tropfen Angelikaöl

Trostpflaster:
3 Tropfen Rosenholzöl, 3 Tropfen Geraniumöl, 2 Tropfen Mairosenöl, 2 Tropfen Perubalsamöl

ÄTHERISCHE ÖLE UND SINNLICHKEIT

Es gibt eine ganze Reihe von ätherischen Ölen, die auf unsere Sinnlichkeit einwirken. Sie lassen sich in drei Gruppen einteilen:

1. Beruhigende und entspannende Öle, die jene Blockaden auflösen, die aus Angst, Unsicherheit, Streß etc. entstanden sind. Zu diesen Essenzen zählen Geranium-, Honig-, Hyazinthen-, Jasmin-, Mairosen-, Patchouli-, Rosen–, Rosenholz-, Tuberosen-, Veilchen- und Ylang-Ylangöl.

2. Direkt stimulierende Öle (verdünnt als Massageöl zu verwenden). Hierzu zählen Basilikum-, Bohnenkraut-, Kardamom-, Koriander-, Muskatnuß-, Piment-, Pfeffer- und Sellerieöl.

3. Hormonell wirkende Öle. Zu dieser Gruppe zählen Geranium-, Jasmin–, Muskatellersalbei-, Rosen-, Sandelholz- und Tuberosenöl.

Aphrodisische Duftmischungen für die Aromalampe:

Liebestraum:
4 Tropfen Ylang-Ylang, 2 Tropfen Sandelholz, 1 Tropfen Jasmin, 1 Tropfen Vanille

Surrender:
3 Tropfen Rosenholz, 2 Tropfen Geranium, 2 Tropfen Patchouli, 2 Tropfen Sandelholz, 1 Tropfen Rose

Sinnlichkeit:
3 Tropfen Sandelholz, 3 Tropfen Kardamom, 1 Tropfen Vanille, 1/2 Tropfen Tonkabohne, 1/2 Tropfen Moschus.

Sinnlichkeit:
3 Tropfen Neroli, 2 Tropfen Bergamotte, 2 Tropfen Rose, 1 Tropfen Tuberose

Rosa Wolke:
3 Tropfen Sandelholz, 3 Tropfen Ylang-Ylang, 2 Tropfen Rose, 1 Tropfen Neroli

Sinnenrausch:
4 Tropfen Muskatellersalbei, 2 Tropfen Ylang-Ylang, 2 Tropfen Jasmin

1001 Nacht:
3 Tropfen Sandelholz, 2 Tropfen Patchouli, 2 Tropfen Vetiver, 1 Tropfen Perubalsam

Inseltraum:
4 Tropfen Cananga, 2 Tropfen Palmarosa, 2 Tropfen Vanille

Zärtlichkeit:
4 Tropfen Sandelholz, 2 Tropfen Hyazinthe, 2 Tropfen Rose

Tropennacht:
4 Tropfen Jasmin, 2 Tropfen Kardamom, 1 Tropfen Piment, 1 Tropfen Vanille

Liebesglut:
4 Tropfen Geranium, 2 Tropfen Kardamom, 1 Tropfen Pfeffer, 1 Tropfen Bergamotte

Sinnliche Massageöle:

Geben Sie auf 50 ml eines fetten Öles (Jojoba-, Mandel-, Avocado,...) etwa 20 Tropfen ätherisches Öl. Verschütteln Sie die Mischung und schon kann es losgehen.

Amore:
10 Tropfen Ylang-Ylang, 4 Tropfen Geranium, 4 Tropfen Sandelholz, 1 Tropfen Jasmin, 1 Tropfen Vanille

Je t´aime:
8 Tropfen Ylang-Ylang, 8 Tropfen Rosenholz, 2 Tropfen Jasmin, 2 Tropfen Rose

Love affair: 8 Tropfen Sandelholz, 6 Tropfen Bergamotte, 3 Tropfen Kardamom, 2 Tropfen Patchouli, 1 Tropfen Vanille

Sweet surrender:
7 Tropfen Rosenholz, 7 Tropfen Geranium, 3 Tropfen Patchouli, 2 Tropfen Sandelholz, 1 Tropfen Jasmin

Velvet dreams:
10 Tropfen Rosenholz, 7 Tropfen Sandelholz, 1 Tropfen Hyazinthe, 1 Tropfen Tuberose, 1 Tropfen Jasmin

Tenderness:
8 Tropfen Cananga, 4 Tropfen Palmarosa, 4 Tropfen Muskatellersalbei, 2 Tropfen Neroli, 1 Tropfen Mairose, 1 Tropfen Rose

Man in love:
10 Tropfen Sandelholz, 5 Tropfen Bergamotte, 2 Tropfen Kardamom, 2 Tropfen Zedernholz, 1 Tropfen Basilikum

Woman in love:
8 Tropfen Rosenholz, 8 Tropfen Geranium, 2 Tropfen Muskatellersalbei, 1 Tropfen Mairose, 1 Tropfen Jasmin

Oriental bouquet:
10 Tropfen Sandelholz, 3 Tropfen Patchouli, 3 Tropfen Vetiver, 2 Tropfen Perubalsam, 2 Tropfen Kardamom

Gates of heaven:
8 Tropfen Ylang-Ylang, 7 Tropfen Bergamotte, 2 Tropfen Geranium, 2 Tropfen Sandelholz, 1 Tropfen Benzoe

True Love:
10 Tropfen Rosenholz, 5 Tropfen Muskatellersalbei, 3 Tropfen Rose, 2 Tropfen Neroli

Hot Love:
7 Tropfen Cananga, 5 Tropfen Sandelholz, 3 Tropfen Limette, 2 Tropfen Koriander, 2 Tropfen Kardamom, 1 Tropfen Pfeffer

Sinnliche Badeöle:

Geben Sie auf 50 ml eines fetten Öles 20 Tropfen ätherisches Öl. Damit sich das Wasser mit dem Öl vermischt, brauchen Sie noch 250 ml Sahne, Vollmilch oder 3 Eßlöffel flüssigen Honig. Geben Sie einen dieser natürlichen Emulgatoren in eine kleine Schüssel, rühren Sie 3 Eßlöffel der Mischung von fettem und ätherischem Öl dazu und vermischen Sie das Ganze. Fügen Sie die Emulsion dem Badewasser bei. Sie können aber auch Ihre Mischung von ätherischen Ölen in einem geruchsneutralen Shampoo oder einer Seifengrundlage auflösen, dann erhalten Sie ein duftendes Schaumbad.

Sea of love:
7 Tropfen Sandelholz, 7 Tropfen Patchouli, 3 Tropfen Bergamotte, 3 Tropfen Geranium.

Liebesbad:
10 Tropfen Ylang-Ylang, 4 Tropfen Sandelholz, 4 Tropfen Muskatellersalbei, 1 Tropfen Jasmin, 1 Tropfen Hyazinthe.

Traumboot:
10 Tropfen Rosenholz, 6 Tropfen Spik, 2 Tropfen Rose, 1 Tropfen Neroli, 1 Tropfen Jasmin.

Aphrodite:
10 Tropfen Rosenholz, 5 Tropfen Geranium, 3 Tropfen Palmarosa, 2 Tropfen Jasmin.

Deepest ocean:
7 Tropfen Sandelholz, 7 Tropfen Ylang-Ylang, 2 Tropfen Rose, 2 Tropfen Neroli, 2 Tropfen Vetiver.

Waves:
6 Tropfen Muskatellersalbei, 6 Tropfen Ylang-Ylang, 4 Tropfen Bergamotte, 3 Tropfen Jasmin, 1 Tropfen Koriander.

Stormy weather:
7 Tropfen Cananga, 3 Tropfen Limette, 3 Tropfen Kardamom, 3 Tropfen Muskatellersalbei, 2 Tropfen Piment, 2 Tropfen Patchouli.

Hurricane:
5 Tropfen Geranium, 5 Tropfen Sandelholz, 5 Tropfen Bergamotte, 2 Tropfen Koriander, 2 Tropfen Kardamom, 1 Tropfen Pfeffer.

Blue lagune:
10 Tropfen Ylang-Ylang, 4 Tropfen Rosenholz, 4 Tropfen Lavandin, 2 Tropfen Jasmin.

Heaven on earth:
8 Tropfen Ylang-Ylang, 3 Tropfen Bergamotte, 3 Tropfen Geranium, 2 Tropfen Sandelholz, 2 Tropfen Jasmin, 2 Tropfen Vanille.

Dive deep:
10 Tropfen Sandelholz, 3 Tropfen Kardamom, 3 Tropfen Patchouli, 3 Tropfen Vetiver, 1 Tropfen Tonkabohne.

Palm beach:
10 Tropfen Cananga, 4 Tropfen Palmarosa, 4 Tropfen Geranium, 2 Tropfen Vanille.

Aphrodisische Parfüms:

Es gibt wohl kaum eine deutlichere Ausdrucksform für die eigene Sinnlichkeit als die Verwendung eines erotischen Parfüms. Die Herstellung eines solchen Duftes braucht nicht mehr länger die Domäne von Spezialisten zu bleiben. Jeder kann sich mit ein wenig Übung seine Parfümkreationen selbst herstellen. Während die handelsüblichen Parfüms meistens einen sehr hohen synthetischen Anteil haben, wollen wir hier nur mit Natursubstanzen arbeiten.

Zur Herstellung benötigen Sie eine Trägersubstanz, das kann entweder Weingeist oder Jojobaöl sein. Hierzu geben Sie etwa 20 % ätherische Öle. Beim Weingeist kommen zum Schluß noch 2 % destilliertes Wasser hinzu. Die Mischungen sollten dann etwa 3 Wochen ruhen, damit die einzelnen Substanzen richtig „zusammenwachsen" können.

Bei den Rezepten gehen wir von 25 ml Weingeist oder Jojobaöl aus. Zuerst ein paar einfache Rezepte:

I never promised you a rosegarden:
25 Tropfen Rosenholz, 13 Tropfen Geranium, 10 Tropfen Sandelholz, 2 Tropfen Jasmin.

Nights in white satin:
23 Tropfen Ylang-Ylang, 15 Tropfen Patchouli, 10 Tropfen Palmarosa, 2 Tropfen Tuberose.

Island love:
30 Tropfen Cananga, 10 Tropfen Sandelholz, 8 Tropfen Patchouli, 2 Tropfen Mairose.

Brandnew flame:
25 Tropfen Ylang-Ylang, 15 Tropfen Bergamotte, 9 Tropfen Vertiver, 1 Tropfen Moschuskörner.

Paradise:
25 Tropfen Bergamotte, 15 Tropfen Geranium, 8 Tropfen Petitgrain, 2 Tropfen Rose.

Und jetzt die Mischungen für Fortgeschrittene und Liebhaber:

Black magic:
20 Tropfen Ylang-Ylang, 10 Tropfen Rosenholz, 5 Tropfen Jasmin, 5 Tropfen Palmarosa, 5 Tropfen Bergamotte, 5 Tropfen Mandarine, 5 Tropfen Sandelholz, 3 Tropfen Vanille, 1 Tropfen Moschuskörner.

Wunderblume:
20 Tropfen Ylang-Ylang, 10 Tropfen Petitgrain, 10 Tropfen Bergamotte, 6 Tropfen Rosenholz, 4 Tropfen Vetiver, 2 Tropfen Jasmin, 2 Tropfen Tuberose, 2 Tropfen Rose, 1 Tropfen Moschuskörner, 1 Tropfen Tonkabohne, 1 Tropfen Moos.

Blue angel:
8 Tropfen Lavendel, 8 Tropfen Bergamotte, 8 Tropfen Sandelholz, 8 Tropfen Geranium, 6 Tropfen Patchouli, 2 Tropfen Neroli, 2 Tropfen Jasmin, 2 Tropfen Narzisse, 2 Tropfen Rose, 2 Tropfen Tuberose, 1 Tropfen Benzoe, 1 Tropfen Weihrauch.

Bella donna:
12 Tropfen Ylang-Ylang, 8 Tropfen Rosenholz, 5 Tropfen Sandelholz, 5 Tropfen Palmarosa, 3 Tropfen Koriander, 3 Tropfen Piment, 2 Tropfen Hyazinthe, 2 Tropfen Mairose, 2 Tropfen Jasmin, 2 Tropfen Tagetes, 2 Tropfen Tonkabohne, 2 Tropfen Vanille, 1 Tropfen Eichenmoos, 1 Tropfen Moschuskörner, 1 Tropfen Zimtblüte.

Velvet dreams:
10 Tropfen Cananga, 8 Tropfen Sandelholz, 6 Tropfen Patchouli, 6 Tropfen Orange, 4 Tropfen Piment, 4 Tropfen Honig, 2 Tropfen Nelke, 2 Tropfen Weihrauch, 2 Tropfen Tolubalsam, 2 Tropfen Benzoe, 2 Tropfen Vanille, 1 Tropfen Moschuskörner, 1 Tropfen Iriswurzel, 1 Tropfen Jasmin, 1 Tropfen Zimtblüte.

La nuit:
8 Tropfen Bergamotte, 8 Tropfen Ylang-Ylang, 5 Tropfen Patchouli, 5 Tropfen Sandelholz, 4 Tropfen Vetiver, 3 Tropfen Honig, 3 Tropfen Nelke, 3 Tropfen Koriander, 3 Tropfen Basilikum, 2 Tropfen Jasmin, 2 Tropfen Mairose, 2 Tropfen Tuberose, 1 Tropfen Narzisse, 1 Tropfen Vanille, 1 Tropfen Leder, 1 Tropfen Heu.

Passion:
5 Tropfen Bergamotte, 5 Tropfen Patchouli, 5 Tropfen Sandelholz, 5 Tropfen Cananga, 5 Tropfen Kardamom, 3 Tropfen Rose, 3 Tropfen Hyazinthe, 3 Tropfen Jasmin, 3 Tropfen Tuberose, 3 Tropfen Honig, 3 Tropfen Zedernholz, 2 Tropfen Vanille, 1 Tropfen Moschuskörner, 1 Tropfen Leder, 1 Tropfen Cistrose, 1 Tropfen Moos.

Vulkan:
10 Tropfen Ylang-Ylang, 5 Tropfen Bergamotte, 5 Tropfen Patchouli, 5 Tropfen Geranium, 5 Tropfen Zitrone, 3 Tropfen Honig, 3 Tropfen Jasmin, 2 Tropfen Nelke, 2 Tropfen Basilikum, 2 Tropfen Pfeffer, 2 Tropfen Rose, 2 Tropfen Neroli, 1 Tropfen Moos, 1 Tropfen Zimtblüte, 1 Tropfen Tuberose, 1 Tropfen Moschuskörner.

Casanova:
20 Tropfen Bergamotte, 10 Tropfen Sandelholz, 4 Tropfen Muskatellersalbei, 3 Tropfen Lorbeer, 2 Tropfen Cumin, 2 Tropfen Zedernholz, 2 Tropfen

Jasmin, 1 Tropfen Heu, 1 Tropfen Leder, 1 Tropfen Moschuskörner, 1 Tropfen Vanille, 1 Tropfen Moos, 1 Tropfen Tonkabohne, 1 Tropfen Weihrauch, 1 Tropfen Zimtblüte.

Hero:
8 Tropfen Bergamotte, 7 Tropfen Zedernholz, 5 Tropfen Geranium, 5 Tropfen Zitrone, 5 Tropfen Orange, 4 Tropfen Muskatellersalbei, 4 Tropfen Lavandin, 2 Tropfen Nelkenblüte, 2 Tropfen Zimtblüte, 2 Tropfen Honig, 2 Tropfen Rose, 2 Tropfen Vanille, 1 Tropfen Moschuskörner, 1 Tropfen Tonkabohne, 1 Tropfen Koriander, 1 Tropfen Basilikum.

Satisfaction:
5 Tropfen Zitrone, 5 Tropfen Lavendel, 5 Tropfen Bergamotte, 5 Tropfen Geranium, 5 Tropfen Patchouli, 2 Tropfen Basilikum, 2 Tropfen Muskatellersalbei, 2 Tropfen Sandelholz, 1 Tropfen Galbanum, 1 Tropfen Leder, 1 Tropfen Moschuskörner, 1 Tropfen Tonkabohne, 1 Tropfen Moos, 1 Tropfen Jasmin, 1 Tropfen Beifuß, 1 Tropfen Wacholderbeere, 1 Tropfen Macisblüte.

Aphrodisisches Wäschespray:
Wenn Sie Ihrer Bettwäsche einen unwiderstehlichen Duft verleihen möchten, dann füllen sie einen Wasserzerstäuber mit Rosenwasser und 3 Tropfen der folgenden Essenzen: Cananga-, Zimtblüten-, Nelken- und Sandelholzöl. Schütteln Sie kräftig durch und besprühen Sie mit der Lösung Matratzen, Laken und Bezüge. Das verwandelt Ihre Liegestatt in eine Liebesstatt.

Liebestränke:
Was wäre ein Kapitel über Sinnlichkeit ohne die Zaubertränke, die uns zur Liebe verleiten?

Rote Rosen: Mixen Sie ein Eigelb, ein Glas lieblichen Sherry, 1/2 Glas sanften Cognac und einen Tropfen Rosenöl. Mit zerstoßenem Eis servieren.
Amore Amaretto: Mixen Sie 8 Eßlöffel Wodka, 6 Eßlöffel Amaretto, 4 Eßlöffel Sahne und einen Tropfen Mandarinenöl. Mit einer halben Orangenscheibe dekoriert ohne Eis servieren.
Orange sunset: Mixen Sie 8 Eßlöffel Ettaler Klosterlikör, 8 Eßlöffel Grand Marnier, 8 Eßlöffel Orangensaft, 1 Tropfen bitteres Orangenöl und 1 Tropfen Kardamomöl. Ebenfalls ohne Eis servieren.

ÄTHERISCHE ÖLE UND ESOTERIK

Ätherische Öle und Sternzeichen:

Wie viele andere Dinge lassen sich auch die ätherischen Öle dem jeweiligen Sternzeichen zuordnen. Sie können sich also ganz leicht Ihr Sternzeichenparfüm oder -massageöl selbst herstellen. Für ein Parfüm am besten die Mischung von etwa 20 % ätherisches Öl und etwa 80 % Jojobaöl. Für ein Massageöl 3 % ätherisches Öl und 97 % fettes Öl (zum Beispiel Avocado-, Mandel-, Jojoba-, Weizenkeimöl...)

Widder (feurig, kraftvoll, frisch):
Lemongras-, Pfeffer-, Piment-, Rosmarin- und Zimtöl.

Stier (erdig, schwer, wohlig):
Galgant-, Palmarosa-, Rosenholz-, Sandelholz- und Vetiveröl.

Zwilling (leicht, klar, luftig):
Bergamotte-, Lavandin-, Muskatellersalbei-, Rosenholz- und Rosmarinöl.

Krebs (süß, balsamisch, schützend):
Geranium, Perubalsam-, Rosen-, Tonkabohnen-, Tuberosen- und Vanilleöl.

Löwe (warm, süß, kräftig):
Geranium-, Ingwer-, Mandarinen-, Orangen- und Zimtblütenöl.

Jungfrau (klar, rein, sauber):
Lavandin-, Lavendel-, Neroli-, Palmarosa-, Petitgrain- und Salbeiöl.

Waage (harmonisch, weich, süß):
Geranium-, Jasmin-, Mairosen-, Rosen-, Rosenholz- und Tuberosenöl.

Skorpion (tief, geheimnisvoll, unergründlich):
Blutorangen-, Cassia-, Ingwer-, Kalmus-, Pfeffer- und Sandelholzöl.

Schütze (feurig, würzig, klar):
Geranium-, Ingwer-, Muskatellersalbei-, Rosmarin- und Zimtblätteröl.

Steinbock (holzig, herb, klar):
Bergbohnenkraut-, Zedernholz-, Wacholderholz-, Wermut- und Zirbelkiefernöl.

Wassermann (luftig, frisch, belebend):
Bergamotte-, Blutorangen-, Lavandin-, Limetten-, Muskatellersalbei-, Niaouli- und Rosenholzöl.

Fische (weich, einfühlsam, sinnlich):
Cananga-, Magnolien-, Patchouli-, Veilchen-, Vetiver- und Ylang-Ylangöl.
Sie können die Mischungen mit allen angegebenen Ölen herstellen oder sich auch nur bestimmte herauspicken. Auch den prozentualen Anteil eines Öles können Sie frei nach Ihren Bedürfnissen wählen.

Ätherische Öle und Planeten:

Wie in der gesamten Materie manifestieren sich die Planetenkräfte auch in den ätherischen Ölen. In den verschiedensten Lebenssituationen können Sie sich die Energie der Planeten über die Essenzen verfügbar machen. Wenn Sie zum Beispiel gerade in einer „Ichkrise" stecken, verwenden Sie Öle mit solarer Energie, bei Verwirrung, Zerstreutheit und Entwurzelung solche mit saturnaler Tendenz, bei Antriebsschwäche, Mutlosigkeit und Angst vor Konfrontationen die mit marsischer Kraft...

Sonne (Kraft, Mittelpunkt, Wärme, Ausstrahlung, Luxus, Herrschaft):
Bergamotte-, Mandarinen-, Neroli-, Orangen-, Perubalsam- und Zimtöl.

Mond (Intuition, Gefühle, Ahnungen, Träume, Unbewußtes):
Jasmin-, Kamille-, Patchouli- und Ylang-Ylangöl.

Mars (Energie, Vitalität, Kampf, Lust, Bewegung, Tätigkeit):
Bohnenkraut-, Koriander-, Muskatnuß-, Nelken-, Origanum-, Piment-, Pfeffer- und Thymianöl.

Venus (Empfänglichkeit, Hingabe, Wohlleben, Genuß, Erotik):
Geranium-, Jasmin-, Mairosen-, Rosen-, Tuberosen-, Vanille- und Veilchenöl.

Merkur (Kommunikation, Intellekt, Wissenschaft, Vernunft):
Cajeput-, Eukalyptus-, Macisblüten-, Melissen-, Muskatellersalbei-, Niaouli-, Pfefferminz-, Rosmarin- und Verbenenöl.

Jupiter (Ausdehnung, Gelingen, Glück, Unterstützung, Zufriedenheit):
Anis-, Citronella-, Lavendel-, Lemongras-, Lorbeer-, Narden-, Neroli-, Petitgrain- und Salbeiöl.

Saturn (Konzentration, Verdichtung, Innenschau, Meditation, Ruhe):
Kampfer-, Myrrhen-, Thuja-, Wacholderholz-, Weihrauch- und Zypressenöl.

Ätherische Öle und Chakras:

Die ätherischen Öle lassen sich auch den sieben Chakras des Menschen zuordnen. Sie helfen, das jeweilige Chakra zu aktivieren und zu stärken. Es empfiehlt sich die Mischung eines Massageöles aus 95 % Jojobaöl und 5 % ätherischem Öl.
Diese Mischung wird dann auf das jeweilige Chakra aufgetragen und ganz sanft einmassiert. Ebenfalls sehr wirksam ist die Verdunstung der ätherischen Ölmischung in der Aromalampe. Sie können auch beide Methoden miteinander verbinden.

1. Chakra Wurzelchakra (Lebenskraft, Schlaf, Unbewußtheit):
Patchouli-, Perublasam-, Sandelholz- und Vetiveröl.

2. Chakra Sexchakra (Begierden, Eifersucht, Lust):
Jasmin-, Moschus-, Sandelholz- und Ylang-Ylangöl.

3. Chakra Solarplexus (Macht, Ehrgeiz, Eroberung):
Bergamotte-, Cassia-, Orangen- und Zimtblütenöl.

4. Chakra Herz (Liebe, Vereinigung, Verströmen):
Jasmin-, Mairosen-, Neroli-, Rosen-, Rosenholz-, Tuberosen- und Veilchenöl.

5. Chakra Kehlkopf (Ausdruck, Läuterung, Verfeinerung):
Geranium-, Lavandin-, Lavendel- und Petitgrainöl.

6. Chakra 3. Auge (Spirituelle Erfahrung, Seligkeit, Einheit):
Cajeput-, Eukalyptus-, Muskatellersalbei-, Niaouli-, Pfefferminz-, Rosmarin- und Zirbelkiefernöl.

7. Chakra Scheitel (Kosmische Einheit, göttliche Eingebung):
Lorbeer-, Myrrhe- und Weihrauchöl.

Ätherische Öle und Tarot:

Die großen Arkanen stellen Stationen auf unserem Lebensweg dar. Wenn Sie die Wirkung der jeweiligen Karte noch unterstützen und intensivieren möchten, dann verwenden Sie die dazugehörige Mischung ätherischer Öle. Am wirkungsvollsten geschieht das mit der Aromalampe. Der Duft hilft Ihnen, den Sinngehalt der jeweiligen Karte noch deutlicher zu erfassen und sich noch mehr dem zu öffnen, was Ihnen die Karte sagen möchte.

Magier (Merkur, Kommunikation, Genialität, Flexibilität, Überlegenheit, Macht):
Ein geheimnisvoller, verführerischer Duft. Benzoe-, Cassia-, Mandarinen-, Perubalsam-, Sandelholz-, Tonkabohnen-, Vanille- und Ylang-Ylangöl.

Hohepriesterin (Mond, Reinheit, das Höchste, Intuition, Heilung):
Ein klarer, reinigender, weiblicher Duft. Geranium-, Lavendel-, Palmarosa-, Petitgrain- und Rosenholzöl.

Hoherpriester (Stier, spiritueller Meister, Einweihung, Transformation):
Ein heilender, irdischer, weihevoller Duft. Cistrosen-, Ginster-, Myrrhe-, Sandelholz- und Weihrauchöl.

Kaiserin (Venus, Schönheit, Mütterlichkeit, Reichtum, Verbindung von Geist und Materie):
Ein harmonischer, voller, weiblicher Duft. Geranium-, Rosen-, Rosenholz- und Tuberosenöl.

Kaiser (Widder, Pionier, Entdecker, Führer, Tatendrang, Abenteuerlust):
Ein männlich frischer, holziger Duft. Zedernholz-, Ingwer-, Limetten-, Rosmarin- und Sandelholzöl.

Die Liebenden (Zwilling, Liebe, Anziehung, Verschmelzung):
Ein aphrodisischer, sinnlicher Duft. Jasmin-, Patchouli-, Sandelholz-, Vetiver- und Ylang-Ylangöl.

Der Wagen (Krebs, Neuanfang, Meditation, spiritueller Weg):
Ein klarer, ermutigender Duft. Cajeput-, Lavandin-, Rosenholz-, Rosmarin- und Zirbelkiefernöl.

Das Gericht (Waage, Balance, Ausgewogenheit, Gerechtigkeit):
Ein harmonischer, ausgleichender Duft. Bergamotte-, Lavandin-, Muskatellersalbei-, Petitgrain- und Rosmarinöl.

Der Eremit (Jungfrau, Innenschau, Zentriertheit, Vollendung):
Ein zusammenziehender, holziger Duft. Zedernholz-, Sandelholz-, Zirbelkiefern- und Zypressenöl.

Das Glück (Jupiter, Neubeginn, Erweiterung, Kreativität, Selbstverwirklichung):
Ein frischer, aktiver, ausstrahlender Duft. Bergamotte-, Limetten-, Rosenholz-, Rosmarin- und Zimtblütenöl.

Die Lust (Löwe, Leidenschaft, Stärke, Mut, Kreativität):
ein tierischer, sinnlicher Duft. Jasmin-, Moschus-, Patchouli-, Sandelholz-, Tuberosen- und Ylang-Ylangöl.

Der Gehängte (Saturn, Erstarrung, Loslassen, Aufgabe, veränderte Muster):
Ein wärmender, auflösender Duft. Cananga-, Geranium-, Ingwer-, Palmarosa-, Piment- und Zimtblütenöl.

Der Tod (Skorpion, Tod und Wiedergeburt, Transformation):

Ein sakraler, tiefer, unergründlicher Duft. Myrrhen-, Opoponax-, Perubalsam-, Sandelholz-, Thuja-, Weihrauch- und Zimtrindenöl.

Die Kunst (Schütze, Vereinigung der Gegensätze, Ausgleich, Alchimie):
Ein sinnlicher, schöner, aber nicht zu schwüler Duft. Bergamotte-, Cananga-, Palmarosa-, Rosenholz- und Vanilleöl.

Der Teufel (Steinbock, Vitalität, Humor, Sinnlichkeit, Sexualität, Individualität):
Ein dunkler, geheimnisvoller, verführerischer Duft. Benzoe-, Myrrhen-, Patchouli-, Perubalsam-, Rosenholz-, Sandelholz-, Vetiver- und Weihrauchöl.

Der Turm (Mars, Heilung, Erneuerung, Selbsterkenntnis):
Ein kraftvoller, heller Duft. Rosmarin-, Salbei-, Zirbelkiefern- und Zitronenöl.

Der Stern (Wassermann, Inspiration, Kristallisation, Vision):
Ein klarer, kühlender Duft. Cajeput-, Krauseminzen-, Muskatellersalbei-, Niaouli- und Ysopöl.

Der Mond (Fische, letzte Prüfungen, Emotionen, Irrwege):
Ein betörender, sirenischer Duft. Jasmin-, Mairosen-, Palmarosa-, Rosenholz- und Tuberosenöl.

Die Sonne (Sonne, kreative Energie, Bewußtheit, Kraft, Ausstrahlung):
Ein kraftvoller, großzügiger Duft. Bergamotte-, Blutorangen-, Limetten-, Rosenholz- und Ylang-Ylangöl.

Das Aeon (Jupiter, Urteilsfähigkeit, Offenheit, Selbstprüfung):
Ein klarer, weiter, leichter Duft. Cajeput-, Muskatellersalbei-, Pfefferminz- und Zirbelkiefernöl.

Das Universum (Saturn, Vollendung, Freiheit, Ende des Karmas):
Ein freudiger, glücklicher Duft. Geranium-, Mairosen-, Mandarinen-, Orangen-, Rosenholz- und Ylang-Ylangöl.

Ätherische Öle und Halbedelsteine:

Wer seine Krankheiten mit Hilfe von Halbedelsteinen heilen möchte, sollte auch überlegen, ob er die Wirkung der Steine nicht noch durch das jeweils zugeordnete ätherische Öl unterstützen will!
Hierfür eignen sich am besten die Verdunstung in der Aromalampe oder die Herstellung eines Massageöles aus 97 % fettem Öl und 3 % ätherischem Öl.

Hier nun die Zuordnungen:

Achat	–	Muskatnuß
Amazonit	–	Basilikum
Amethyst	–	Lavendel
Aquamarin	–	Iriswurzel
Aventurin	–	Dill
Azurit	–	Wacholder
Bernstein	–	Honig, Tonkabohne
Chrysopas	–	Myrte
Citrin	–	Limette, Lemongras
Dendritenquarz	–	Ginster
Epidot	–	Nelke
Fluorit	–	Pfefferminze
Goldtopas	–	Mimose
Helitrop	–	Moos
Jaspis	–	Angelikawurzel, Bay
Karneol	–	Sandelholz, Kamille
Malachit	–	Zedernholz, Zirbelkiefer
Mondstein	–	Benzoe, Jasmin
Moosachat	–	Patchouli
Morganit	–	Vanille
Obsidian	–	Zypresse
Opal	–	Muskatellersalbei
Peridot	–	Verbene
Rauchquarz	–	Vetiver
Rhodochrosit	–	Geranium

Rhodonit	–	Rosenholz
Rosenquarz	–	Rose
Rubin	–	Ylang-Ylang
Smaragd	–	Bergamotte
Tigerauge	–	Ingwer
Turmalin	–	Narzisse, Tuberose
Zirkon	–	Koriander
Zoisit	–	Fichtennadel

ÄTHERISCHE ÖLE
AUF REISEN

Am besten stellen Sie sich schon vor der Reise eine kleine Reiseapotheke mit ätherischen Ölen zusammen.

Reise- und Seekrankheit:
Bei auftretender Übelkeit in Auto, Schiff oder Flugzeug haben sich schon oft Lavendel- und Pfefferminzöl als Retter in der Not erwiesen. Riechen Sie entweder direkt an der Flasche, oder geben Sie 2–3 Tropfen auf ein Taschentuch und atmen den Duft mehrmals ganz tief ein.

Zeitverschiebung:
Bei Fernflügen treten erhebliche Zeitverschiebungen auf, mit denen der Körper seine liebe Not hat. Wenn Sie an Ihrem Zielort die Möglichkeit haben, ein Bad zu nehmen, dann wählen Sie bei einer abendlichen Ankunft eine Mischung von 5 Tropfen Lavendel- und 5 Tropfen Ylang-Ylangöl auf eine Badewanne. Wenn Sie noch weiterreisen müssen oder noch einen wichtigen Termin haben, dann nehmen Sie ein Bad unter Zusatz von Lemongras- und Rosmarinöl zu gleichen Teilen.
Wenn Sie etwas länger an Ihrem Ankunftsort verweilen, nehmen Sie morgens das Rosmarin-Lemongras-Bad und abends das Lavendel-Ylang-Ylang-Bad. Das wird dem Körper helfen, sich auf den neuen Rhythmus einzustimmen.

Übermüdung:
Wenn Ihnen nach den vielen Autobahnkilometern langsam die Augen zufallen, machen Sie eine Pause und träufeln Sie jeweils 2 Tropfen Rosmarin- und Zitronenöl auf ein Taschentuch und inhalieren Sie den Duft. Sie werden Ihren toten Punkt bestimmt überwinden.

Verstopfung:
Oftmals kommt es bei längeren Reisen durch die Nahrungsumstellung, die veränderten Gewohnheiten oder schlechten sanitären Einrichtungen zu Verstopfungen. Bereiten Sie sich ein Massageöl aus 50 ml Jojoba-, 10 Tropfen Rosmarin- und 10 Tropfen Majoranöl und massieren Sie den Bauch im Uhrzeigersinn damit. Sie können auch begleitend 3 x 1 Tropfen Majoran- oder Fenchelöl pro Tag auf ein Glas mit lauwarmem Honigwasser einnehmen.

Reisedurchfall und Amöbenruhr:
Eukalyptus- und Bohnenkrautöl bilden den besten Schutz für die Darmschleimhaut gegen den Mikrobenbefall.
Beginnen Sie vorbeugend 3 Tage vor der Abreise mit der Einnahme dieser Öle und setzen Sie dies während des Urlaubs fort. Morgens 1–2 Tropfen Eukalyptusöl in lauwarmem Honigwasser gelöst und abends 1–2 Tropfen Bohnenkrautöl in der gleichen Weise.
Wenn der Durchfall schon eingetreten ist, sollte man die beiden Essenzen, wie oben beschrieben, genauso einnehmen. Zusätzlich pro Tag noch 2 mal einen Teelöffel Heilerde.

Schlechte Wasserqualität:
Wenn Sie den Eindruck haben, daß Ihr Trinkwasser unter Umständen nicht ganz in Ordnung sein könnte und Sie keine Möglichkeit haben, es abzukochen, geben Sie auf 1 l Wasser 2–3 Tropfen Zitronenöl oder den Saft einer Zitrone. Bei ätherischem Öl müssen Sie die Flüssigkeit gut durchschütteln. Danach ist Ihr Wasser wieder genießbar.

Muffige Hotelzimmer:
Wenn Ihnen die Atmosphäre Ihres Hotelzimmers nicht behagt, gibt es viele Möglichkeiten, mit ätherischen Ölen Abhilfe zu schaffen.
Geben Sie einen Tropfen eines ätherischen Öles Ihrer Wahl auf eine nicht angeschaltete Glühbirne. Dann machen Sie Licht und schon verströmt ein angenehmer Duft im gesamten Raum. Vorsicht! Geben Sie kein ätherisches Öl auf eine brennende Glühbirne.
Füllen Sie eine Schüssel mit möglichst heißem Wasser und geben Sie ätherische Öle hinein.
Träufeln Sie ein paar Tropfen ätherisches Öl auf den Teppich.
Geben Sie ein paar Tropfen auf die Matratze.
Am stärksten reinigend wirken die folgenden Essenzen: Lemongras-, Zitronen-, Limetten-, Salbei-, Lavendel-, Rosmarin-, Wacholder-, Eukalyptus-, Zirbelkiefern- und Pfefferminzöl.

Tierischer Besuch im Hotelbett:
Alle erdenklichen Krabbeltiere, die vom Boden aus in Ihr Bett gelangen wollen, halten Sie von ihrem Vorhaben ab, indem Sie besonders an den Füßen des Bettes, aber auch in einem kleineren Umkreis, pures Pfefferminzöl ausschütten.

Insektenplage:
Wenn Sie in der glücklichen Lage sind, eine Aromalampe zur Hand zu haben, verdunsten Sie eine Mischung aus Eukalyptus- und Nelkenöl. Im näheren Umkreis der Lampe werden Sie Ihre Ruhe haben.

Die andere Möglichkeit ist ein insektenabweisendes Körperöl. Geben Sie zu 100 ml Jojobaöl 15 Tropfen Lavendel-, 15 Tropfen Zitronen, 15 Tropfen Nelken- und 15 Tropfen Zedernholzöl, verschütteln das Ganze und ölen sich damit ein. Das mag nicht wie Veilchen und Jasmin riechen, aber es hält Ihnen eine Menge Ärger vom Hals.

ÄTHERISCHE ÖLE UND SPORT

Die ätherischen Öle sind auch in sportlicher Hinsicht auf dem Vormarsch.

Aufwärmöl:
Um Schäden an Muskeln und Sehnen vorzubeugen, ist es unerläßlich, sich vor dem Wettkampf aufzuwärmen. Bevor die Aufwärmzeit beginnt, sollten Sie von diesem Massageöl Gebrauch machen:
Geben Sie auf 100 ml Jojobaöl 20 Tropfen Rosmarin-, 10 Tropfen Pfefferminz- und 10 Tropfen Wintergreenöl. Diese Mischung wird Ihre Muskeln entsprechend auf die folgende Tätigkeit vorbereiten. Gut einmassieren!

Gewinneröl:
Mischen Sie sich für den Wettkampf ein ganz persönliches Gewinneröl, an dem Sie bei Bedarf und in den Pausen immer wieder schnuppern können. Sie können auch einen Tropfen davon auf Schweißband, Trikot oder Strumpf geben. Der Duft erinnert Sie immer daran, daß Sie auf der Gewinnerstraße sind. Hier einige Beispiele: Zu gleichen Teilen Rosmarin- und Lorbeeröl (Der Lorbeerkranz wurde früher den Siegern aufgesetzt!). Sandelholz- und Rosenöl. Limetten- und Orangenöl. Zirbelkiefern- und Zedernholzöl.

Nervosität:
Lampenfieber gehört einfach dazu! Aber wenn es schon auf 41° C klettert und die Knie sich wie Gummibärchen in der Sonne anfühlen, dann ist es Zeit, etwas zu tun!
Wenn Sie noch zu Hause sind, verdunsten Sie in Ihrer Aromalampe 5 Tropfen Lavendel- und 5 Tropfen Bergamotteöl, oder eine andere Mischung, die Sie bevorzugen. Die gleiche Mischung füllen sie in ein kleines Fläschchen zum Mitnehmen. Daran können Sie dann immer wieder riechen und tief durchatmen.

Muskelkater:
Hier empfiehlt sich eine Massage mit einem Körperöl aus 50 ml Mandel-, 8 Tropfen Wacholderholz-, 5 Tropfen Zypressen-, 7 Tropfen Lavendel- und 5 Tropfen Zitronenöl.
Oder nehmen Sie ein Bad für die überanstrengten Muskeln. Geben Sie zu 3 Eßlöffeln flüssigem Honig jeweils 3 Tropfen der folgenden Essenzen: Lavendel-, Majoran- und Rosmarinöl. Lösen Sie das Gemisch im Badewasser auf.

Prellungen und Zerrungen:
Legen Sie so schnell wie möglich ein kalte Kompresse auf. Tauchen sie dafür ein Tuch in eine Schüssel, gefüllt mit kaltem Wasser und 2 Tropfen Lavendel-, 2 Tropfen Salbei- und 1 Tropfen Ysopöl. Wringen Sie es leicht aus und legen Sie es auf die betroffene Stelle.
Mehrmals wiederholen. Anschließend bereiten Sie sich ein Massageöl aus 50 ml Jojoba-, 20 Tropfen Lavendel- und 5 Tropfen Arnikaöl. Mehrmals am Tag einmassieren.

Verstauchungen:
Verstauchungen kann man am besten mit kalten Kompressen behandeln. Meistens werden die Bänder, die das Gelenk stützen, gedehnt oder anderweitig geschädigt. Dadurch schwillt die Region um das Gelenk erheblich an und fühlt sich sehr warm an.
Geben Sie auf 1 l kaltes Wasser etwa 10 Tropfen Lavendelöl, feuchten Sie ein Tuch damit an und legen Sie es auf die betroffenen Stelle. Sobald die Kompresse warm geworden ist, sollte sie erneuert werden.

Hautabschürfungen:
Zur ersten Hilfe können Sie pures Lavendelöl mit einem Läppchen ganz vorsichtig auftragen. Es hilft zur Blutstillung, Desinfektion und Schmerzlinderung.

Wunden:
Um eine Blutung zum Stillstand zu bringen, benötigen Sie eine Kompresse. Dafür geben Sie auf 1 l kaltes Wasser 5 Tropfen Zitronenöl. Tauchen Sie ein möglichst steriles Tuch hinein, wringen es leicht aus und legen es auf die Wunde.
Zum Auswaschen der Wunde eignet sich Lavendelöl am besten. Stellen Sie nach obigem Rezept eine Lösung mit 5 Tropfen Lavendelöl auf 1 l kaltes Wasser her und reinigen Sie damit die Wunde.

Blasen:
Haben Sie sich eine Blase gelaufen und müssen noch weitermachen, dann stechen Sie die Blase möglichst mit einer sterilen Nadel auf, drücken das Wasser heraus und tragen pures Lavendelöl auf. Wenn Sie ein Pflaster aufkleben wollen, tränken Sie es ebenfalls mit Lavendelöl. Diese Anwendung lindert den Schmerz und fördert die Heilung.

Fußpilz:
Gerade Turnschuhe bieten mit ihrem feuchtwarmen Klima einen hervorragenden Nährboden für Fußpilz. Wenn Sie davon verschont bleiben, so bekommen Ihre Schuhe durch den andauernden Fußschweiß zumindest einen wenig angenehmen Geruch. Jetzt können Sie mehrere Fliegen mit einer Klappe schlagen, denn für beide Fälle bilden die ätherischen Öle eine ausgezeichnete Lösung! Geben Sie öfters einmal 2–3 Tropfen eines der folgenden ätherischen Öle in Ihre Schuhe: Rosmarin-, Zitronen-, Lemongras-, Pfefferminz-, Eukalyptus-, Salbei- oder Zirbelkiefernöl. Außerdem können Sie ihre Füße damit noch beleben und erfrischen oder durch Salbeiöl zum Beispiel den Fußschweiß vermindern.

Aromatisierte Sportkleidung:
Wäre das nicht verrückt, wenn die Mannschaft nicht nur den gleichen Dress trüge, sondern auch den gleichen Duft verströmte. Das würde ein Team noch mehr zusammenschweißen! Sie brauchen nur die gesamte Wäsche in einer Waschmaschine zu waschen und dabei zum Waschmittel oder Weichspüler ihre bestimmten ätherischen Öle dazugeben. Eine weitere Möglichkeit ist die Beigabe eines mit ätherischen Ölen getränkten Tuches in den Wäschetrockner. Aber auch als Individualsportler können Sie natürlich Ihre Sportkleidung auf diese Weise beduften. Mir hat am meisten Rosmarin-, Lorbeer- und Limettenöl geholfen. Finden Sie Ihren eigenen helfenden Duft heraus!

ÄTHERISCHE ÖLE
UND ARBEITSWELT

Die ätherischen Öle können auch im Bereich der Arbeitswelt in sehr vielen Richtungen angewendet werden. Hier einige Beispiele:

Abgestandene Raumluft:
Oftmals mischen sich am Arbeitsplatz eine Anzahl von unangenehmen Gerüchen: Tabakrauch, Schweiß, Computer- und Kopiererausdünstungen, Haarsprays, Deos, Parfüms... Wenn Ihre Kolleginnen und Kollegen einverstanden sind, oder Sie einen Raum mehr oder weniger für sich alleine haben, zünden Sie eine Aromalampe mit einem frischen und fruchtigen Öl an, so zum Beispiel Lemongras, Zitrone, Orange, Limette, Pampelmuse oder Bergamotte. Auf die mit Wasser gefüllte Schale einer Aromalampe geben Sie am besten etwa 10 Tropfen ätherisches Öl. Die Raumluft wird von allen anderen Gerüchen gereinigt und Sie können wieder frei atmen.

Dicke Luft:
Wenn einmal besonders dicke Luft herrscht, und Sie die allgemeine Stimmung verbessern möchten, versuchen Sie einmal das Verdunsten der folgenden Mischung in der Aromalampe: 4 Tropfen Bergamotte-, 3 Tropfen Rosenholz- und 3 Tropfen Verbenenöl. Danach sieht die Welt schon wieder viel freundlicher aus!

Öffentliche Toiletten:
Zum Desinfizieren der Toilettenbrille mischen Sie sich 100 ml destilliertes Wasser, 50 ml 99 %igen Alkohol und 5 ml Thymianöl. Geben Sie diese Mischung in eine Sprühflasche und besprühen Sie, was immer Sie gerne desinfizieren möchten.
Für eine frische Toilettenluft sorgt am besten Lemongrasöl. Es gibt kleine Tongefäße zu kaufen, die zur Hälfte aus unglasiertem Ton bestehen. Füllen Sie das ätherische Öl in einen solchen Behälter und stellen Sie diesen in der Toilette auf. Nach kurzer Zeit beginnt die Essenz durch den unglasierten Ton in den Raum zu strömen.

Antriebslosigkeit:
Fühlen Sie sich so niedergeschlagen, daß Sie die nächste an Sie gerichtete Aufgabe unweigerlich in den Zusammenbruch stürzen würde? Dann kann Ihnen nur noch Muskatellersalbei helfen! Geben Sie 2-3 Tropfen davon auf ein Taschentuch, halten Sie es sich unter die Nase und atmen Sie mehrmals tief durch. Das wird Ihnen helfen!

Optimismus:
Im Zeitalter des positiven Denkens darf auch die positive Duftmischung nicht fehlen! Geben Sie in Ihre Aromalampe 6 Tropfen Bergamotte-, 2 Tropfen Pampelmusen- und 2 Tropfen Muskatellersalbeiöl. Dies ist auch eine geniale Mischung für Konferenzen, da sich eine leichte, frische, anregende und optimistische Atmosphäre bildet. Wenn die Führungskräfte mehr über die subtilen Wirkungen der ätherischen Öle wüßten, gäbe es keine Konferenz oder wichtige Verhandlung mehr, ohne die richtige Duftmischung vorher anzufertigen und sie dann zur richtigen Stunde einzusetzen.

Relax:
Streß läuft als Todesursache dem Krebs langsam aber sicher den Rang ab. Gerade der Arbeitsbereich bietet unzählige Möglichkeiten, sich mit dieser Krankheit zu „infizieren". Hier drei hervorragende Anti-Streß-Mischungen:
4 Tropfen Muskatellersalbei, 4 Tropfen Lavandin, 2 Tropfen Geraniumöl.
4 Tropfen Rosenholz-, 4 Tropfen Petitgrain-, 2 Tropfen Zitronenöl.
4 Tropfen Sandelholz-, 4 Tropfen Cedernholz-, 2 Tropfen Zirbelkiefernöl.
Geben Sie diese Mischungen in die Aromalampe oder 2-3 Tropfen auf ein Taschentuch und inhalieren Sie den Duft.

Konzentration:
Wenn auf Ihrem PC, AT oder WC die Zeilen zu hüpfen anfangen und Sie im Geiste in einem Liegestuhl auf einer Südseeinsel dösen, aber der rettende Feierabend noch lange nicht in Sicht ist, brauchen Sie dringend etwas für Ihre Konzentrationsfähigkeit!

Versuchen Sie einmal eine der beiden Mischungen:
3 Tropfen Ysop-, 3 Tropfen Rosmarin-. 2 Tropfen Minz-, 2 Tropfen Limettenöl.

4 Tropfen Muskatellersalbei-, 3 Tropfen Basilikum-, 3 Tropfen Zirbelkiefernöl.

Erfrischung:
Es muß nicht immer Kaffee oder Cola sein! Mischen Sie sich ein Duftöl aus 5 Tropfen Limetten- und 5 Tropfen Bitterorangenöl oder aus 5 Tropfen Bergamotte- und 5 Tropfen Pampelmusenöl. Sie werden sehen, wie Sie sich wieder viel frischer und munterer fühlen!

Entscheidungsschwäche:
Im Berufsleben bedarf es ungezählter kleiner und größerer Entscheidungen. Wer dabei immer wieder seine Schwierigkeiten hat, sollte sich bei den ätherischen Ölen Unterstützung holen!
Hier drei Entscheidungsmischungen:
3 Tropfen Muskatellersalbei-, 3 Tropfen Lorbeer-, 2 Tropfen Angelika-, 2 Tropfen Verbenenöl.
3 Tropfen Cajeput-, 3 Tropfen Minz-, 2 Tropfen Rosmarin-, 2 Tropfen Muskatnußöl.
4 Tropfen Ysop-, 3 Tropfen Salbei-, 3 Tropfen Zitronenöl.

Durchsetzungskraft:
Wenn es Ihnen hieran zu sehr mangelt, dann gibt es eine phantastische Mischung für Sie: 5 Tropfen Zirbelkiefernöl (Dieser Baum wächst an der oberen Vegetationsgrenze und steht oftmals ganz alleine in Schnee und Eis. Er trotzt aber all diesen Unbilden und wird stark und widerstandsfähig), 3 Tropfen Angelikaöl (diese Pflanze strotzt vor Kraft und scheint gerade in ihre Blüten hinein zu explodieren. Sie bildet einen mehr als armdicken Stamm und wird bis zu 3 Metern hoch) und 2 Tropfen Zitronenöl (Es gibt die Frische, den entscheidenden Schritt nach vorne zu tun).

Unsichere Chefin/unsicherer Chef:
Die Chefin- oder Chefrolle hat durchaus ihre Tücken, viele eigene und fremde Erwartungen sind daran geknüpft. Auch die Funktion der Zielscheibe, im Positiven wie im Negativen, ist weit verbreitet.
Das Wichtigste für die eigene Sicherheit ist das eigene Wohlbefinden. Versuchen Sie einmal eine der folgenden Mischungen:
Chefinnenöl:
4 Tropfen Rosenholz-, 4 Tropfen Geranium-, 2 Tropfen Jasminöl.

4 Tropfen Lavandin-, 4 Tropfen Bergamotte-, 2 Tropfen Muskatellersalbeiöl.
4 Tropfen Sandelholz-, 3 Tropfen Petitgrain-, 2 Tropfen Rosen-, 1 Tropfen Angelikaöl.

Chefö!:
4 Tropfen Sandelholz-, 3 Tropfen Zedernholz-, 3 Tropfen Rosenholzöl.
4 Tropfen Muskatellersalbei-, 3 Tropfen Zirbelkiefern-, 2 Tropfen Vetiver-, 1 Tropfen Angelikaöl.
4 Tropfen Lemongras-, 3 Tropfen Lorbeer-, 3 Tropfen Rosmarinöl.

Angestellte (-r) ohne Rückgrat:
Wenn Sie, aus Angst vor den Reaktionen anderer, nicht wagen, den Mund aufzumachen und zu Ihrer Meinung zu stehen, benutzen Sie doch einmal eine der Rückgratmischungen:
4 Tropfen Zirbelkiefern-, 3 Tropfen Lorbeer-, 3 Tropfen Basilikumöl.
4 Tropfen Sandelholz-, 3 Tropfen Zedernholz-, 2 Tropfen Weihrauch-, 1 Tropfen Zypressenöl.
5 Tropfen Lemongras-, 3 Tropfen Bohnenkraut-, 2 Tropfen Pimentöl.

Sekretär (-innen) öl:
Die Japaner haben mittlerweile schon einige ausführliche Untersuchungen über Wirkung und Einsatz von ätherischen Ölen in der Arbeitswelt durchgeführt. Eine davon betrifft die Fehlerquote von Schreibkräften in Großraumbüros. Dort wurde ätherisches Zitronenöl verdunstet und die Fehlerquote vorher und nachher gemessen. Es stellte sich heraus, daß 54 % weniger Tippfehler gemacht wurden! Zitronenöl schärft den Verstand, fördert die Konzentrationsfähigkeit, stärkt das Gedächtnis und erfrischt.

Team-Work:
Die Team-Work-Mischung unterstützt die Zusammenarbeit mehrerer Menschen und schafft eine harmonische, kreative Atmosphäre.
4 Tropfen Muskatellersalbei-, 4 Tropfen Rosenholz-, 2 Tropfen Bergamotteöl.

Dies sind nur wenige Anregungen. Man könnte viele Bücher über diesen Bereich schreiben. Vergessen Sie Ihre Phantasie und Kreativität nicht und bringen Sie Luft und Duft in Ihre Berufswelt. Sie werden über Ihre Ergebnisse staunen!

ÄTHERISCHE ÖLE
FÜR SPEISEN UND GETRÄNKE

Das Aromatisieren von Speisen und Getränken ist ein ganz neues Terrain. Deshalb vorweg noch einige Informationen zu diesem Thema:
Ätherische Öle sind mit fetten Ölen und Alkohol problemlos mischbar, aber mit Wasser zusammen gehen die ätherischen Öle keine Verbindung ein, sie bleiben auf der Wasseroberfläche oder sinken auf den Boden. Durch Umrühren kann man zwar die Öle kurzfristig verteilen, aber schon nach kurzer Zeit setzen sie sich wieder ab. Um die ätherischen Öle dauerhaft mit dem Wasser zu verbinden, braucht es Emulgatoren. Solche natürlichen Emulgatoren sind Vollmilch, süße und saure Sahne, Crème fraîche, Eigelb und Honig.

Oftmals ist es sehr gefährlich, direkt aus der kleinen Flasche mit den ätherischen Ölen zu würzen, da aus dem einen geplanten Tropfen oftmals drei oder vier werden. Und dann ist das Essen nicht mehr so gut zu genießen. Deshalb ist es ratsam, die ätherischen Öle vorzumischen. Entweder mit den genannten Emulgatoren oder mit Speiseöl (nehmen Sie 20 Tropfen einer ätherischen Ölmischung auf 100 ml Speiseöl).

Italienische Gerichte: Basilikum-, Thymian-, Origanum- und Salbeiöl.
Exotische Gerichte: Cumin-, Kardamom-, Piment-, Orangen-, Mandarinen- und Limettenöl.
Kohlgerichte: Wacholderbeer-, Lorbeer-, Kümmel-, Cumin- und Nelkenöl.
Hülsenfrüchte: Cumin-, Kümmel-, Bohnenkraut- und Lorbeeröl.
Salatöle: Basilikum-, Dill-, Petersilien-, Zitronen-, Bohnenkraut-, Fenchel-, Majoran-, Estragon- und Liebstöckelöl.
Gebäck und Süßspeisen: Anis-, Kardamom-, Orangen-, Pampelmusen-, Vanille-, Zimtrinden-, Zitronen-, Koriander-, Nelken-, Ingwer-, Macisblüten-, Limetten- und Kümmelöl.

Kräuterbutter:
Sie können sich ohne Schwierigkeiten Ihre eigene Kräuterbutter herstellen. Lassen Sie die Butter ein wenig weich werden, so daß sie eine cremige Konsistenz annimmt. Dann geben Sie die ätherischen Öle Ihrer Wahl hinzu. Auf 250 g Butter etwa 5 Tropfen ätherisches Öl. Hier einige Vorschläge:
2 Tropfen Dill-, 2 Tropfen Petersilien- und 1 Tropfen Majoranöl.
2 Tropfen Origanum-, 2 Tropfen Pfeffer- und 1 Tropfen Bohnenkrautöl.
2 Tropfen Basilikum-, 2 Tropfen Estragon- und 1 Tropfen Cuminöl.
2 Tropfen Knoblauchöl (mehr läge über der Schmerzgrenze).
Vermengen Sie die Ölmischungen sehr gründlich mit der Butter und stellen Sie die entsprechende Kräuterbutter wieder kalt.

Honig aromatisieren:
Jedem beliebigen Honig können Sie mit Hilfe der ätherischen Öle einen ganz besonderen Geschmack verleihen. Auf ein 500 g Glas Honig geben Sie bis zu 10 Tropfen ätherisches Öl und mischen das ganze gut durch. So können Sie zum Beispiel folgende Honigsorten herstellen:
Rosen-, Fenchel-, Orangenblüten-, Mandarinen-, Limettenhonig....

Schlagsahne aromatisieren:
Geben Sie zu der fast fertig geschlagenen Schlagsahne pro 250 ml noch 2 Tropfen ätherisches Öl Ihrer Wahl hinzu. Besonders empfehlenswert sind die Essenzen: Vanille-, Honig-, Mandarinen-, Orangen-, Rosen-, Zimt- und Cassiaöl.
Wenn Sie Sahnetorten selbst herstellen wollen, können Sie auf diese Art sehr wirkungsvolle Effekte erzielen.

Pudding aromatisieren:
Mit den ätherischen Ölen können Sie aus Ihrem einfachen Vanillepudding eine exquisite Nachspeise zaubern. Bereiten Sie den Pudding, wie es in der Anleitung beschrieben wird. Ganz zum Schluß, wenn Sie den Pudding vom Feuer genommen haben, rühren Sie noch pro 1/2 l Flüssigkeit 3-4 Tropfen ätherisches Öl dazu.
Hier ein paar Anregungen:
3 Tropfen Mandarinen- und 1 Tropfen Pampelmusenöl.
2 Tropfen Zimtblätter- und 2 Tropfen Orangenöl.
2 Tropfen Blutorangen- und 2 Tropfen Zitronenöl.
3 Tropfen Limetten- und 1 Tropfen Kardamomöl.
3 Tropfen Bergamotte- und 1 Tropfen Cassiaöl.
Ein ganz besonders luxuriöses Vergnügen sind 2 Tropfen Rosenöl.
Auch die anderen kaltzurührenden Nachspeisen lassen sich mit den ätherischen Ölen verfeinern.

Bonbons:
Lassen Sie 250 g Honig so lange in einer Pfanne vorsichtig köcheln, bis er beim Abkühlen hart wird. Das können Sie daran feststellen, wenn Sie einen Tropfen des heißen Honigs in kaltes Wasser fallen lassen. Wird er fest, so können Sie die Pfanne vom Feuer nehmen. Bevor Sie den Honig auf ein gefettetes Backblech schütten, rühren Sie noch die ätherischen Öle darunter. Nehmen Sie etwa 10 Tropfen.

Hier einige Vorschläge:
5 Tropfen Lemongras- und 5 Tropfen Zitronenöl.
5 Tropfen Vanille- und 5 Tropfen Mandarinenöl.
7 Tropfen Eukalyptus- und 3 Tropfen Thymianöl.
5 Tropfen Bergamotte- und 5 Tropfen Orangenöl.
5 Tropfen Anis- und 5 Tropfen Fenchelöl.
5 Tropfen Pfefferminz- und 5 Tropfen Salbeiöl.

Tee aromatisieren:
Geben Sie in eine gut verschließbare Dose einen schwarzen Tee Ihrer Wahl. Fügen Sie nun ein paar Tropfen eines ätherischen Öls hinzu. Pro 100 g Tee etwa 3 Tropfen ätherisches Öl. Schütteln Sie das ganze gut durch und lassen Sie die verschlossene Dose etwa 1-2 Wochen stehen. Als ätherische Öle kommen in Frage: Bergamotte-, Orangen-, Mandarinen-, Zitronen-, Zimt- und Vanilleöl.

Kaffee aromatisieren:
Wenn Sie Ihrem Kaffee ein ganz besonderes Aroma verleihen möchten, geben Sie zum Kaffeepulver 1 Tropfen Kardamomöl, 1 Tropfen Vanilleöl, eine Prise Salz und einen Teelöffel Kakaopulver hinzu. Dann wie gewohnt überbrühen. Ein exotisches Erlebnis!

Milch aromatisieren:
Ganz leicht ist das Herstellen von Milchmixgetränken mit den ätherischen Ölen, da sie sich ohne Problem in der Milch lösen. Folgende Essenzen sind gut geeignet: Mandarinen-, Orangen-, Pampelmusen-, Zitronen-, Honig- und Vanilleöl.

Alkohol aromatisieren:
Sie können aus einem schon vorhandenen Alkohol ganz leicht eine vollkommen neue Creation machen. Mit ein paar Tropfen Anisöl wird aus einem Korn ein Ouzo. Zum Eierlikör paßt ganz hervorragend Vanilleöl, zum Campari Orangenöl, zum Gin Limettenöl. Lassen Sie Ihrer Phantasie freien Lauf.

Wenn Sie mittlerweile auf den Geschmack gekommen sind, finden Sie in dem Buch „Neue Vollwertküche mit ätherischen Ölen" vom gleichen Autor eine Fülle von Rezepten.

Tabak aromatisieren:
Wenn Sie zur Familie der Pfeifenraucher oder selbstdrehender Zigarettenraucher gehören, dann öffnen Ihnen ätherische Öle neue Horizonte. Geben Sie auf 50 g Tabak 2-3 Tropfen ätherisches Öl. Füllen Sie ihn in eine luftdichte Dose und schütteln Sie die Mischung gut durch. Lassen Sie die verschlossene Dose etwa 2 Wochen stehen. Dann können Sie Ihre aromatisierte Pfeife oder Zigarette entzünden. Versuchen Sie doch einmal die folgenden Essenzen: Pfefferminz-, Nelken-, Honig-, Vanille-, Kardamom-, Koriander-, Krauseminz-, Rosmarin-, Muskatellersalbei-, Cumin-, Lorbeeröl...

Wenn Sie nach der Lektüre dieses Buches auf den Geschmack oder besser auf den Geruch gekommen sind, dann kann ich Ihnen zwei zuverlässige Adressen für Ihre ätherischen Ölkäufe nennen:
Buntspecht Naturwarengroßhandel, Lindenstr. 14, 8079 Pfalzpaint und
Regenbogen, Königswarterstr. 21, 6000 Frankfurt 1

Literaturverzeichnis

Davis Patricia: „Aromatherapie von A–Z", München 1990, Knaur Verlag
Drury Susan: „Handbuch der heilenden Öle", Durach 1989, Aromen und Essenzen", Windpferd Verlag
Faber Stephanie: „Aloe Vera", München 1988, Heyne Verlag
Faber Stephanie: „Hobbykurs Kosmetik", München 1989, Heyne Verlag
Faber Stephanie: „Das Rezeptbuch der Naturkosmetik", München 1989, Heyne Verlag
Fischer-Rizzi Susanne: „Himmlische Düfte", München 1990, Hugendubel Verlag
Fischer-Rizzi Susanne: „Poesie der Düfte", Isny 1989, Hugendubel Verlag
Grahl Gisela: „Wonnestunden", Hamburg 1990, Wunderlich Verlag
H & R Edition: „H &R Lexikon Duftbausteine", Hamburg 1989,Glöss Verlag
H & R Edition: „H & R Duftatlas", Hamburg 1989, Glöss Verlag
H & R Edition: „Das H & R Buch Parfüm", Hamburg 1989, Glöss Verlag
Henglein Martin: „Die heilende Kraft der Wohlgerüche und Essenzen", Zürich 1989, Oesch Verlag
Hofmann Antje: „Die Botschaft der Edelsteine", Hugendubel Verlag
Huibers Jaap: „Liebe, Kräuter und Ernährung", Freiburg 1983, Aurum Verlag
Jellinek Stephan: „Kosmetologie", Hüthig Verlag
Johari Harish: „Das große Chakrabuch", Hermann Bauer Verlag
Jünemann Monika: „Verzaubernde Düfte", Aitang 1990, Windpferd Verlag
Kamlah von Elli Ruth: „Duftpflanzen", Hannover 1981, Landbuch Verlag
Keen Sam: „Die Lust an der Liebe", Goldmann Verlag
Keller Erich: „Das Handbuch der ätherischen Öle", München 1989, Goldmann Verlag
Kraus Michael: „Einführung in die Aromatherapie", Pfalzpaint 1990, Verlag Simon & Wahl
Kraus Michael: „Die neue Vollwertküche mit ätherischen Ölen", Pfalzpaint 1989, Verlag Simon & Wahl

Lindemann Günther: „Taschenbuch der Heilpflanzen", Ravensburg 1984
Obermayer Walburga: „Kräuterkosmetik für natürliche Schönheit", Edition Schangrila
Pahlow M.: „Das große Buch der Heilpflanzen", München 1989, Verlag Gräfe und Unzer
Sheikh Hakim: „Die Heilkunst der Sufis", Hermann Bauer Verlag
Stead Christine: „Aromatherapie", Düsseldorf 1990, Econ Verlag
Thirleby Ashley: „Das Tantra der Liebe", Ullstein Verlag
Tisserand Maggie: „Die Geheimnisse wohlriechender Essenzen", Aitrang 1990, Windpferd Verlag
Träger Lothar: „Chemie in der Kosmetik", Hüthig Verlag
Trauter Eva: „Das Heyne Kräuterbuch", München 1985, Heyne Verlag
Uyldert Mellie: „Verborgene Kräfte der Edelsteine", München 1989, Irisiana Verlag
Valnet Jean: „Aromatherapie", München 1990, Heyne Verlag
Worwood Valerie Ann: „Liebesdüfte", München 1990, Goldmann Verlag
Ravensburger Taschenbuch Verlag

M. Kraus
Liebeszauber mit ätherischen Ölen

In diesem Buch geht es um die sinnliche Betörung durch aphrodisische Essenzen. Von der Beschreibung der die Sinnlichkeit erweckenden und fördernden Aromen ausgeht, wird die Zubereitung von faszinierenden „Verführungsmitteln" erläutert. Körper- und Badeöle, Parfüms, Cremes, sinnlich riechende Kissen, Liebeszauber-Rezepte, magische Rezepte, beduftete Bettwäsche und Dessous, Baderituale und vieles mehr steigern die Sinnesfreude und erhöhen das Wohlbefinden. Dieses Buch liefert überzeugende Anregungen für die Mobilisierung unserer erotischen Kräfte durch ätherische Öle.

ca. 100 Seiten   ISBN 3-923330-31-6   DM 12.80

M. Kraus
Massage, Meditation und Bewegung mit ätherischen Ölen

In diesem Buch wird ein ganzheitlicher Ansatz zur Erlangung von Wohlbefinden und Genuß aufgezeigt. Die Reise zu sich selbst und zu einem bewussteren Leben wird durch Massage, Meditation und Bewegung mit ätherischen Ölen zu einer wohltuenden Besinnungspause in diesen hektischen Zeiten. Aus dem Inhalt: Massagemischungen und Massage, Duftmeditationen, Meditationen im Alltag, befreiende Bewegungen usw.

ca. 100 Seiten   ISBN 3-923330-36-7   DM 12.80

Beide Bücher sind ab ca. 30. 10. 1991 lieferbar

Verlag Simon & Wahl • Pfalzpaint

M. Kraus
Einführung in die Aromatherapie

Dieses Buch führt den Leser umfassend in die Geheimnisse der Aromatherapie ein und ermöglicht ihm so einen gezielten Umgang mit ätherischen Ölen im täglichen Leben. Die Beschreibung der Öle und ihre Wirkung erfolgt aufgrund umfangreicher Erfahrungen des Autors, der sich auch Essenzen widmet, die in der bisherigen Literatur noch keine Erwähnung fanden.
86 Seiten   ISBN 3-923330-90-1   DM 9.60

M. Kraus
Ätherische Öle für Körper, Geist und Seele

Das neue Buch von Michael Kraus ist dem Geruchssinn gewidmet, der bisher zu Unrecht weit hinter den anderen menschlichen Sinnen zurückstand. Es werden zum ersten Mal 118 verschiedene Öle vorgestellt und umfassend besprochen. Das Buch bietet eine wertvolle Hilfe für jeden, der sich ausführlich über die verschiedenen ätherischen Öle und ihre körperlichen und seelischen Wirkungen informieren will.
133 S.   ISBN 3-923330-16-2   DM 16.80

Verlag Simon & Wahl • Pfalzpaint

Mit dem Buch - **Makrobiotik leicht gemacht** - beschreiben die Autoren einen Weg zu einer gesünderen und harmonischeren Lebensweise. Für alle, die sich näher mit dieser Ernährungs- und Lebensphilosophie beschäftigen wollen, ist dieses Buch gedacht.
174 Seiten. DM 23.80.
ISBN 3-923330-65-0

In dem Buch **„Die neue Vollwertküche mit ätherischen Ölen"** werden dem Leser völlig neue Würzerlebnisse vermittelt. Durch die Verwendung von Essenzen in der Küche können Speisen auf gewohnte Art aromatisiert werden oder um einige Geschmacksvarianten erweitert werden.
Gleichzeitig läßt sich durch die Verwendung von ätherischen Ölen beim Kochen das körperliche Wohlbefinden steigern und eine Einflußnahme auf seelische Verfassungen und Gefühle erreichen. Durch jahrelange Erfahrungen mit naturbelassenen Lebensmitteln und umfassenden Kenntnissen von der Wirkungsweise der ätherischen Öle ist es dem Autor gelungen mit diesem Buch die Vollwertküche wesentlich zu bereichern.
110 Seiten   ISBN 3-923330-11-1   DM 16.80

Verlag Simon & Wahl • Lindenstr. 14 • 8079 Pfalzpaint
Tel. (0 84 26) 6 43 • Fax (0 84 26) 18 14

Möbel aus 1001-Nacht

Massive Zedernholzmöbel (Atlas-Zeder)

**Buntspecht
Naturwarengroßhandel**

Lindenstr. 14 ▪ 8079 Pfalzpaint
Tel.: (0 84 26) 6 43 ▪ Fax: (0 84 26) 18 14
Neue Adresse ab 1. 10. 91:
Bahnhofstr. 4 a ▪ 8071 Gaimersheim

Ätherische Öle
Aromalampen

Die Anwendungsmöglichkeiten für Aromen im täglichen Leben sind vielfältig, wie uns dieses Buch in anschaulicher Weise vor Augen führt.

Unser Angebot von 150 verschiedenen, 100 % reinen ätherischen Ölen bester Qualität, läßt Sie bestimmt keine Essenz Ihrer Wahl vermissen.

Dazu haben wir ein großes Sortiment schöner, preiswerter Aromalampen im Angebot. (Einen ausführlichen Prospekt erhalten Sie auf Anfrage)

Buntspecht
Naturwarengroßhandel

Lindenstr. 14 ▪ 8079 Pfalzpaint
Tel.: (0 84 26) 6 43 ▪ Fax: (0 84 26) 18 14
Neue Adresse ab 1. 10. 91:
Bahnhofstr. 4 a ▪ 8071 Gaimersheim

Spinnrad *natürlich!*

- **Kosmetik zum Selbermachen**
- **Waschmittelbaukasten**
  - ökologisch unbedenklich
  - empfehlenswert
- **Reinigungs- und Putzmittel**
  - vollständig abbaubar
  - hergestellt aus nachwachsenden Rohstoffen
- **Düfte und Accessoires**
- **Fertigkosmetik, Geschenkartikel**
- **und vieles mehr**

Sie finden unsere Läden in ganz Deutschland

Spinnrad GmbH
Am Luftschacht 3a • 4650 Gelsenkirchen
Tel. 0209/17000-0